カラー版

一番やさしい

株の教科書

竹内 弘樹 監修

西東社

巻頭特集

NISA 徹底研究！

非課税制度を賢く利用するワザ

税率0％制度を活用で投資家デビュー！

「金融商品」には、株式や投資信託などがあります。株式や投資信託などを買って運用する投資家は、諸外国に比べると日本ではまだ少ないのが現状です。そこで、投資家を育てて金融商品の売買を活発にするために、**株式や投資信託の**[*]**利益にかかる税率が20％**のところを10％に軽減してきましたが、2014年からは税率が20％かかることになりました。それにともない、**一定額は税金がかからない制度、NISA（少額投資非課税制度）がスタート**しました。NISAでは、数十万円くらい

「NISA」（少額投資非課税制度）って何？

NISA

少額	投資	非課税	制度
年間100万円まで！	利益にかかる	株式、投資信託税金0円！	

などが対象

つまり…

「100万円分の投資が非課税」
投資家にとって断然有利な制度！

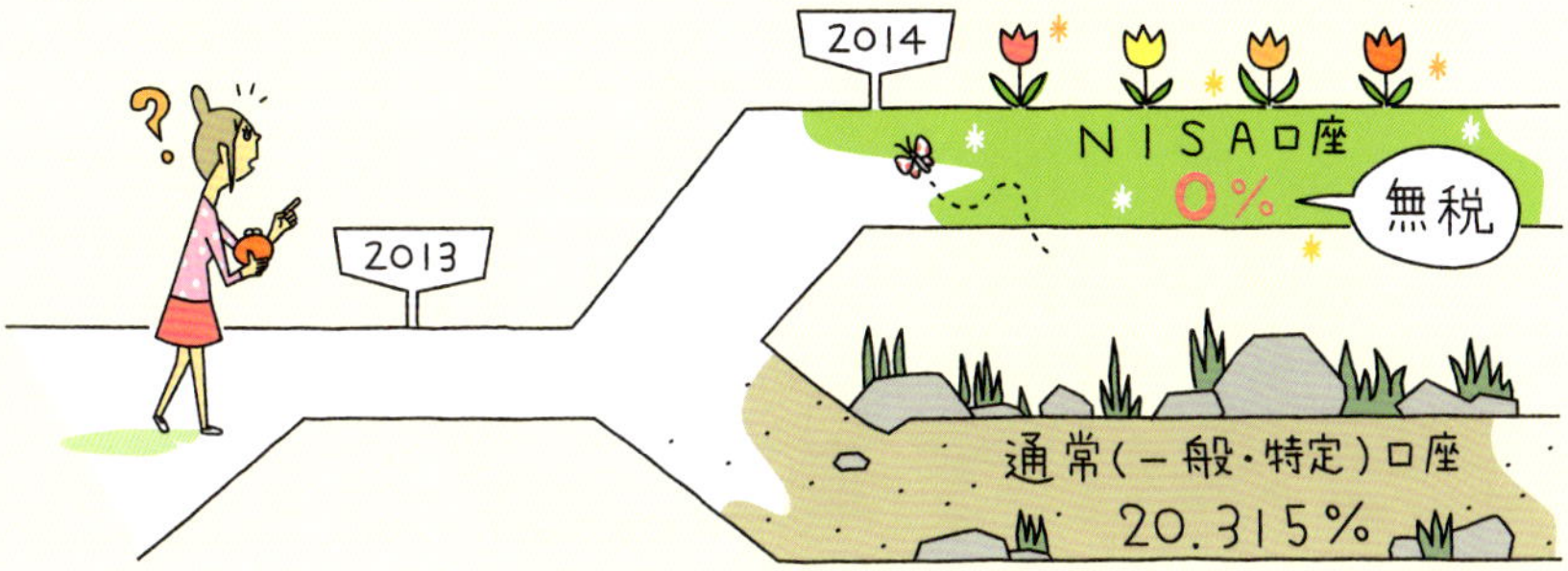

※復興特別所得税を考慮すると、2013年末までの税率は10.147％、2014年からは20.315％となります。

NISAを利用したときとしないときの違いは？

NISAを利用（NISA口座を利用）

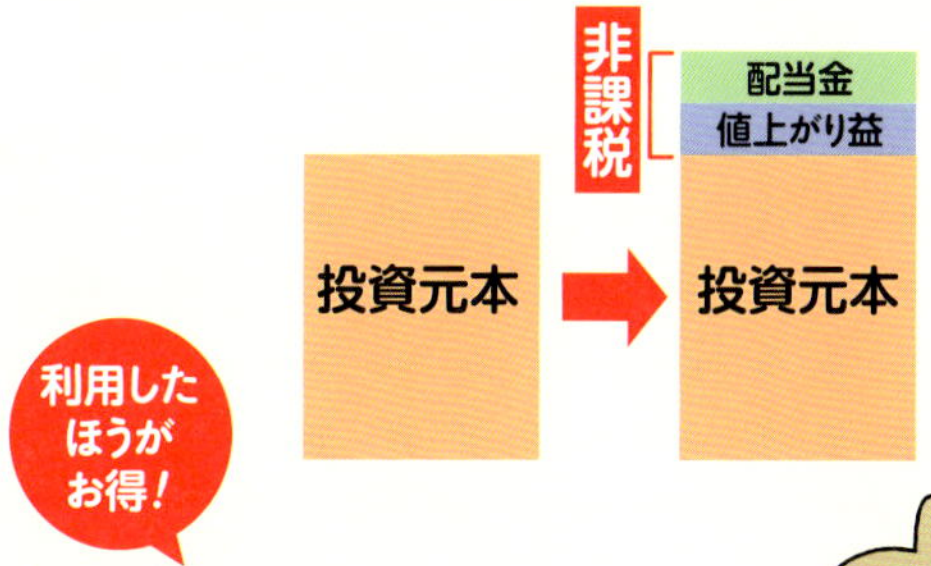

値上がり益：
100,000円×税率0％＝税金0円

配当金（分配金）：
6,000円×税率0％＝税金0円

➡**税金合計：0円**

利益の合計…106,000円

NISAを利用すると、税率が0％（非課税）になり、税金は0円です。上記の例でいうと、利益（値上がり益と配当金〈分配金〉）の合計106,000円の全額を受け取ることができます。

NISAを利用しない（一般・特定口座を利用）

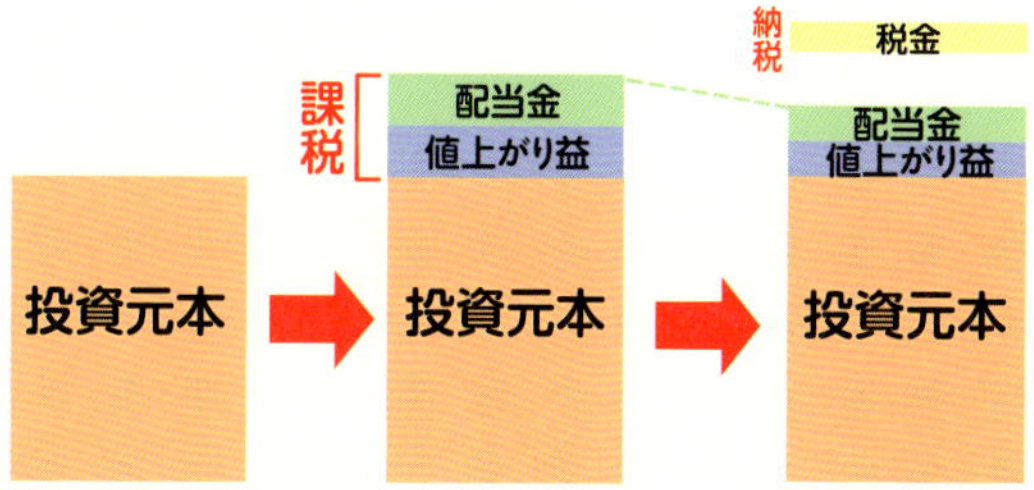

値上がり益：
100,000円×税率20％＝税金20,000円

配当金（分配金）：
6,000円×税率20％＝税金1,200円

➡**税金合計：21,200円**

利益の合計…84,800円

NISAを利用しない場合、2014年からは税率が20％なので、上記の例でいうと、21,200円の税金になります。利益は合計84,800円です。個人の少額投資家には、痛い増税です。

の少額投資をする個人の投資家を多く育てることを目的としているため、1年間の投資金額に100万円の上限枠が設定されています。株式や投資信託への**投資が100万円までなら、その利益に対する税金は「0円」**となります。NISAは、1年の間であれば金額を分割して投資を行うことができ、一度に100万円を投資する必要がないので、投資ビギナーの人でも始めやすい制度といえます。

NISAを利用するには、証券会社や銀行で「NISA口座」を新たに開設する必要があります。

また、一般・特定口座に持っている株式や投資信託は、NISA口座に移行することができないので、注意しましょう。

＊利益…値上がり益や配当金・分配金。「値上がり益」は、株の売買における差額で得られる利益。「配当金・分配金」は、株や投資信託の決算時に投資家に還元される利益。

非課税枠は最大で500万円まで

ＮＩＳＡは２０１４年から投資枠が上限１００万円で開始されましたが、２０１８年までの５年間、毎年１月１日に新たに１００万円の枠が追加されます。なので、**ＮＩＳＡを使用して投資できるのは最大で合計５００万円までです**。

ＮＩＳＡの**１枠につき、非課税有効期間は最長５年間**です。その後は、一般・特定口座に移行するか、ＮＩＳＡ口座に入れたまま６年目以降最長５年間延長することもできます。ＮＩＳＡ口座での運用終了後に売らなければならないのではなく、非課税優遇措置がなくなるだけなので、課税される一般・特定口座に移してそのまま持ち続けることも可能です。

ＮＩＳＡには**投資対象・投資金額・投資期間に制限**がありますので、まずはじめに「どの商品を、どこで、いつ、どのくらい」運営するのかを考えることが重要です。株式や投資信託の価格が下落するリスクがあることも十分に考慮しましょう。

ＮＩＳＡの有効な使用方法としては「非課税優遇の上限枠の１００万円まで投資し、そのまま長期で持ち続け、５年後の枠が消滅する直前に売る」ことなどがあげられますが、上限枠にこだわらず、自分の投資スタイルを考えたうえで、効率的に使うとよいでしょう。

NISA対象

- 上場株式
- 株式投資信託
- ETF（上場投資信託）
- REIT（不動産投資信託）など

NISA対象外

- 預金
- 債券（国債、社債、外債など）
- 公社債投資信託（MMFなど）
- 外国為替証拠金取引 など

※取扱商品は金融機関によって異なります。

NISAの注意点

口座変更は1年に1度

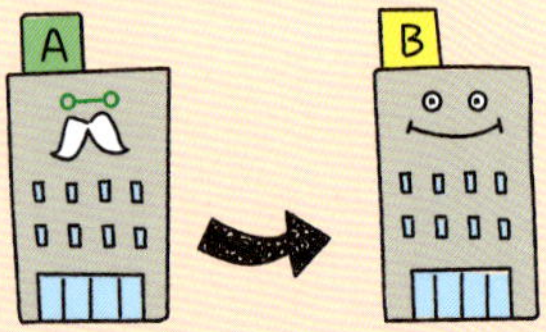

NISA口座は、別の金融機関（証券会社や銀行など）の口座に1年に1度だけ変更できます。ただし、1度でも取引を行うと、その年は口座変更ができません。

1人1口座のみ開設可

NISA口座は１人１口座に限り開設できます。申込時に他のNISA口座との重複確認が行われます。また、他の口座で保有している株式などをNISA口座に移せません。

満20歳以上から

日本在住の満20歳以上（口座開設年の１月１日時点）の個人の方のみが利用できます。申込時には、住民票の提出が求められ、年齢の確認が行われます。

非課税対象額は毎年100万円ずつアップ！

〈2014年からNISA口座で投資開始した場合の例〉

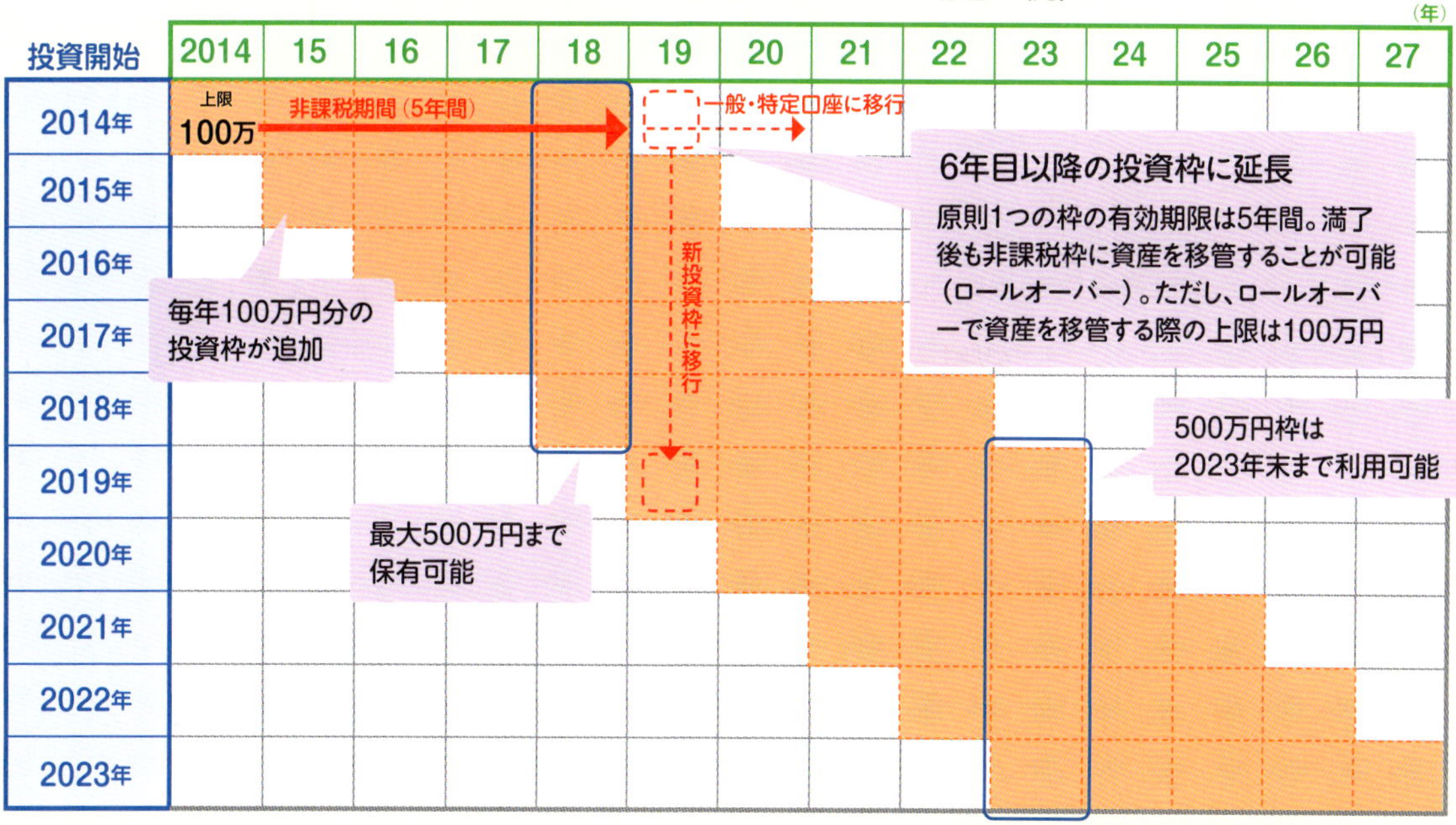

※1年目（2014年）の投資枠は2018年末で終了となるが、1年目に使用した枠は6年目の2019年以降に5年間延長でき、10年目の2023年末で終了となる。

※2016年より投資枠が上限120万円に変更予定。

損益通算はできない

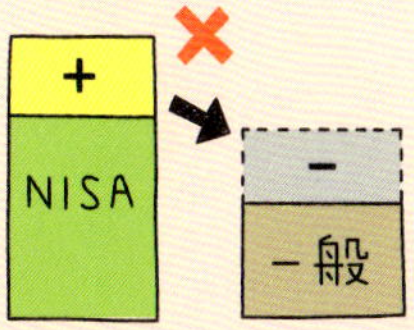

たとえ損失が出たとしても、NISA口座と一般・特定口座との損益通算はできません。

※損益通算…損失と利益を合算し、納税額を減らすように調整すること。

未使用枠は繰り越し不可

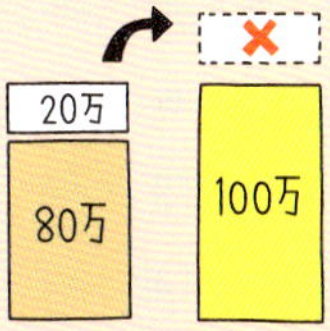

1年間に100万円枠を使いきれなかった場合、翌年には繰り越せません。たとえ80万円しか使わなくても、翌年以降に20万円を繰り越すことはできません。

再利用はできない

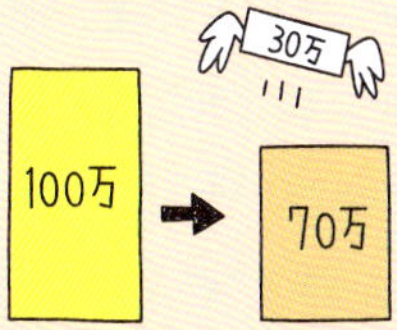

100万円枠は繰り返し使えません。購入株式100万円のうち30万円分を売ったら30万円の枠が消えますが、30万円分を新たに利用できません（NISAは長期投資向きです）。

株の疑問・思い込みを吹き飛ばす"本当のトコロ"

Q1 株初心者 かぶ子さん

不況だけど、株で儲かることはあるの？

A1 株歴8年 かぶ男さん

不況でも伸びる株はあります！

不況だからといって、すべての株が値下がりするわけではありません。**経済が停滞していても、上昇株は存在します。**

たとえば、「ＪＩＮＳ」の店名で知られる眼鏡製造販売、ジェイア

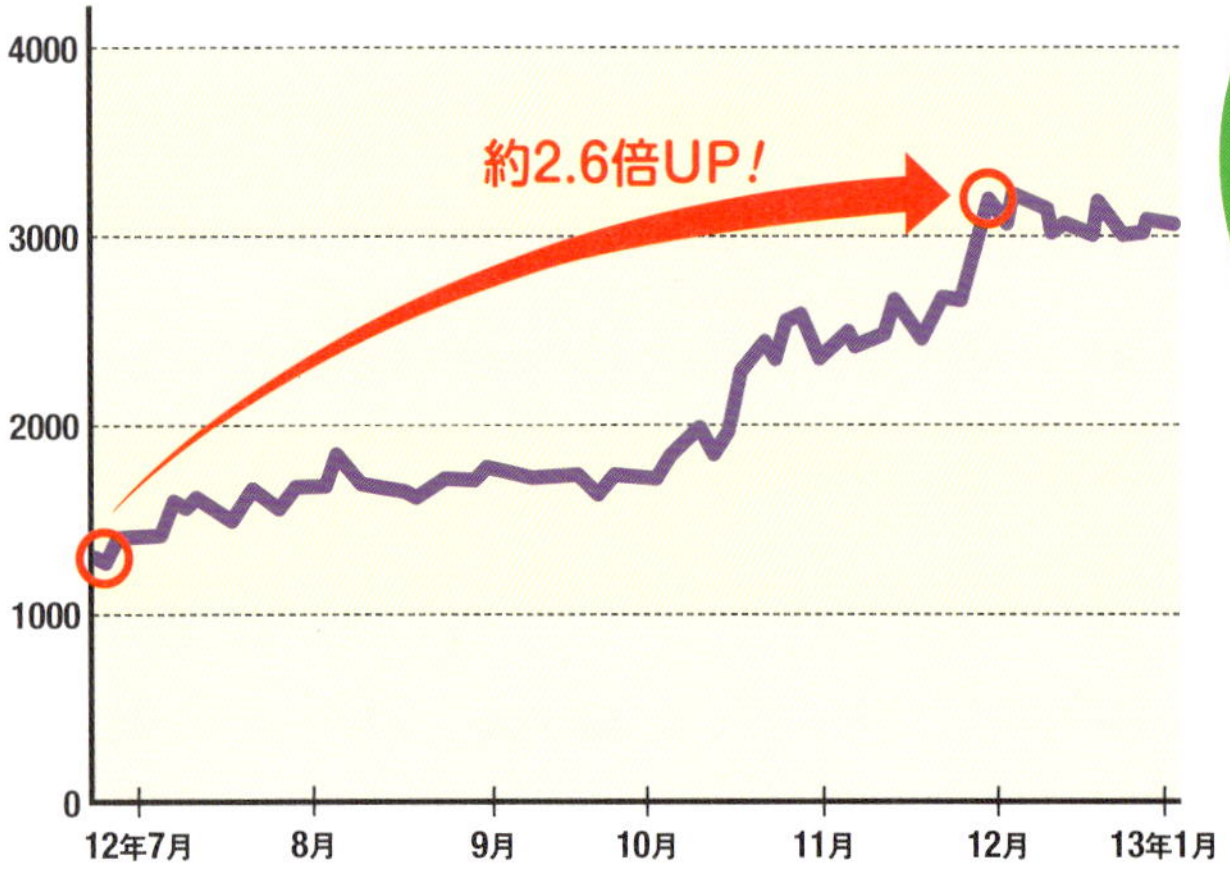

ジェイアイエヌ

●コード：3046　●市場：東証一部

●株価：2,843円　●売買単位：100株

低価格でファッション性の高いアイウエアを提供する。国内231店舗、中国20店舗を展開。

伸びたワケ

1. 新規出店、新商品の投入により売上や利益が増加
2. 企画から販売まで一括自社管理できる独自のシステムを導入

まだある!

伸びた株とそのワケ

注目すべき成長株は、まだまだあります。この不況の中、さまざまな企業努力によって、着実に業績を伸ばしているいくつかの企業を紹介します。

「カラオケ本舗まねきねこ」で成長

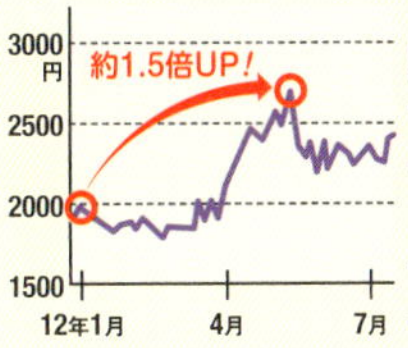

コシダカホールディングス

- ●コード:2157
- ●市場:東証JASDAQスタンダード
- ●株価:2,691円
- ●売買単位:100株

低価格とんかつ専門店「かつや」

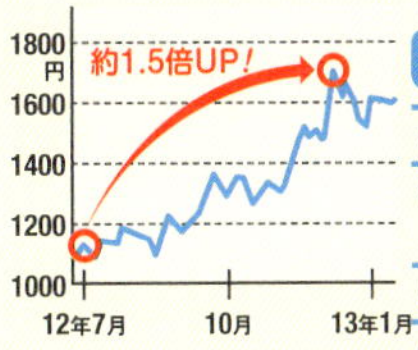

アークランドサービス

- ●コード:3085
- ●市場:東証JASDAQスタンダード
- ●株価:3,165円
- ●売買単位:100株

エコ住宅で売上UPの注文住宅会社

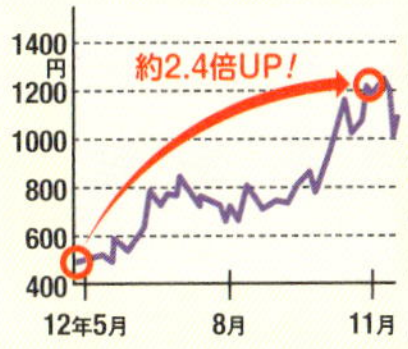

桧家ホールディングス

- ●コード:1413
- ●市場:名証二部
- ●株価:1,334円
- ●売買単位:100株

ジェネリック医薬品に取り組む

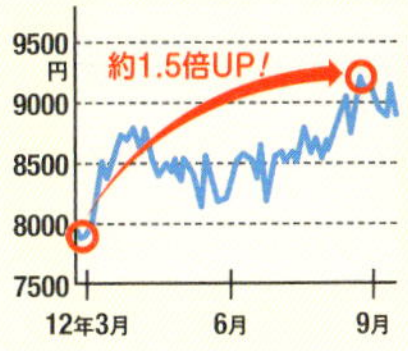

沢井製薬

- ●コード:4555
- ●市場:東証一部
- ●株価:6,190円
- ●売買単位:100株

イエヌ。低価格、スピード仕上げ、ファッション性と品質の高さで着実に力をつけ、2012年にはパソコン用メガネの大ヒットで大きく株価が上昇しました。

また数多くある100円均一ショップの中でも、セリアは売上前年比で約12%アップ。新システムを導入したことが功を奏して株価も上昇しました。

少しでも便利で安く、商品やサービスを提供した企業努力が株価を伸ばしているのです。

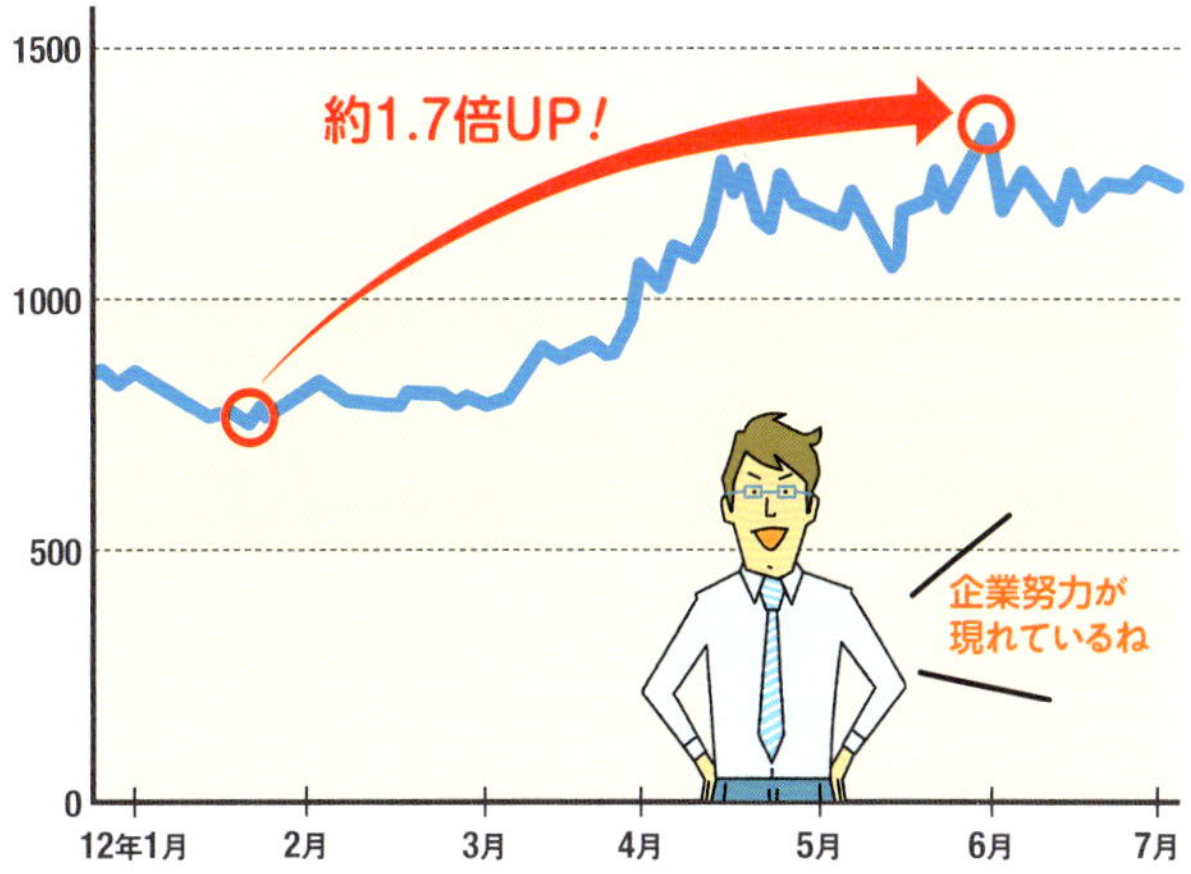

セリア

- ●コード:2782　●市場:東証JASDAQスタンダード
- ●株価:3,820円　●売買単位:100株

100円均一同業「キャンドゥ」を抜き、業界第2位へ躍進。直営・FC合わせて1104店舗を展開。

伸びたワケ

1. POS導入によるデータ管理、分析システムを強化
2. 詳細な販売トレンドをつかみ在庫効率の改善に成功

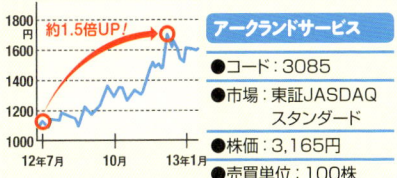

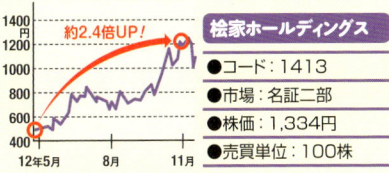

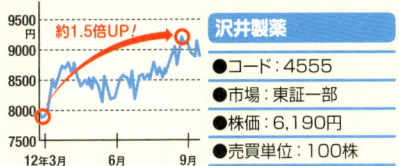

＼サービスいいね！／

また行きたくなる お店

チェーン店を広範囲に展開する外食産業、古本屋、ディスカウントストア、ドラッグストアなどには上場企業が数多くあります。サービスや品ぞろえのよさなどで人気のお店を探しましょう。

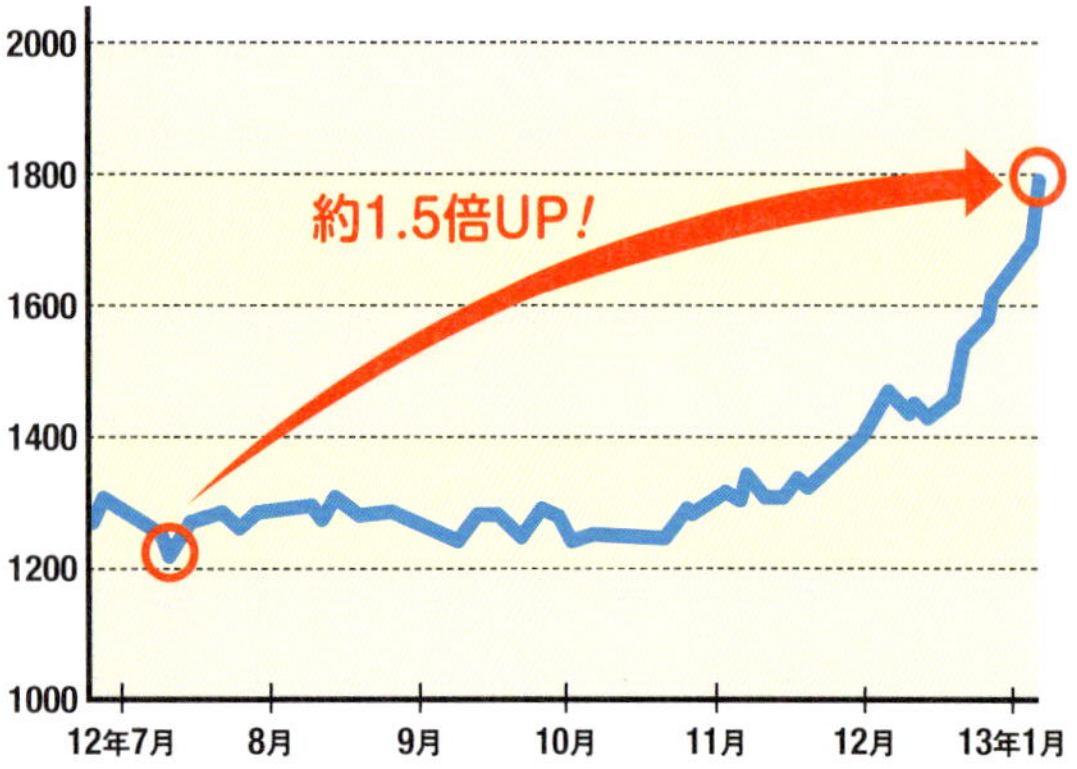

ハイデイ日高

●コード：7611　●市場：東証一部
●株価：2,120円　●売買単位：100株

「熱烈中華食堂日高屋」を、駅前物件の1階に出店する方法で、首都圏600軒を目指し業績を伸ばしている。

＼あ、これおいしい！／

よく食べる 食品

スーパーなどでよく手にとる大手企業の売れ筋商品やロングセラー商品など、おいしさでリピートする食品は誰にでもあるはず。その製造企業の株を購入して応援すれば、自社商品の優待が得られる場合も。

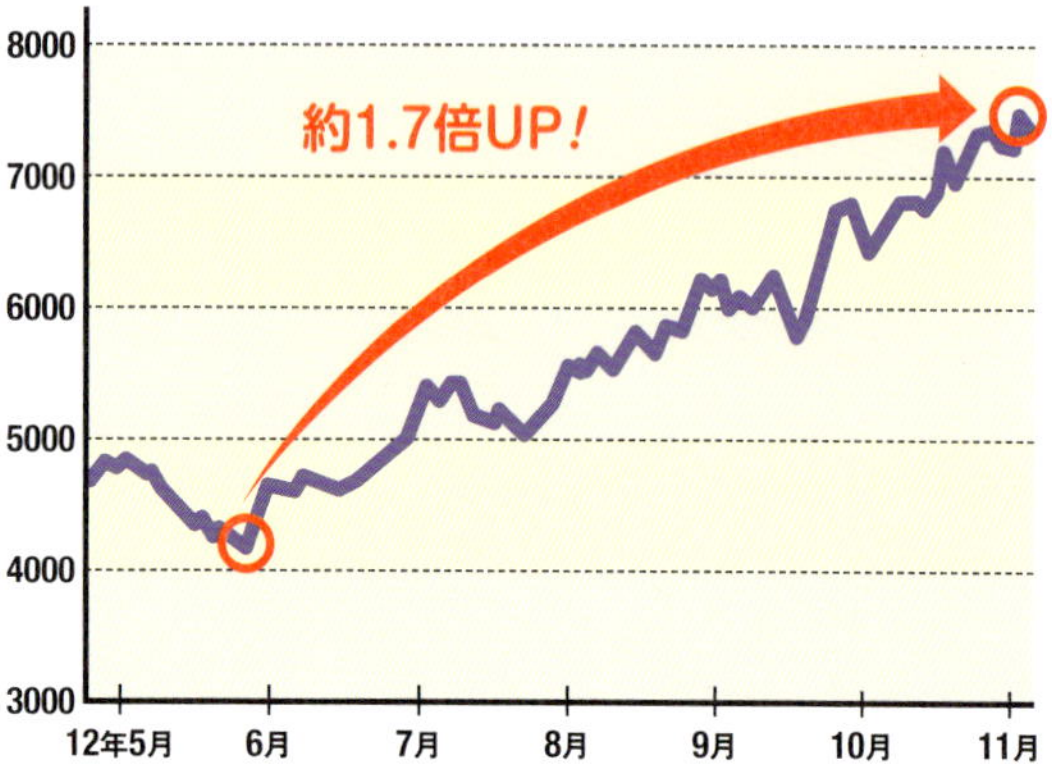

カルビー

掘りだそう、自然の力。
Calbee

●コード：2229　●市場：東証一部
●株価：2,472円　●売買単位：100株

かっぱえびせん、ポテトチップスなどスナック菓子製造で知られる、2014年で創立65年の食品メーカー。
※2013年10月に株式1株を4株に分割。

Q2 株初心者 かぶ子さん
どんな株を買えばいいの？

A2 株歴8年 かぶ男さん
自分の身のまわりにヒントがあります！

株がまったくはじめての人にとって、どの株を買えばよいかが一番の悩みどころ。しかし、値上がりが期待できる株は、知識や経験だけで見つけるものではありません。身近な生活の中に、ヒントは

まだある！

ブームを探せ！

ブームや、時代の流れによる物やシステムの変化があるところに上昇株は存在します。優良株にめぐりあえるチャンスを見逃さないよう、暮らしの中のあらゆる変化をキャッチしましょう。

美容

小顔・くびれプログラムなどが人気

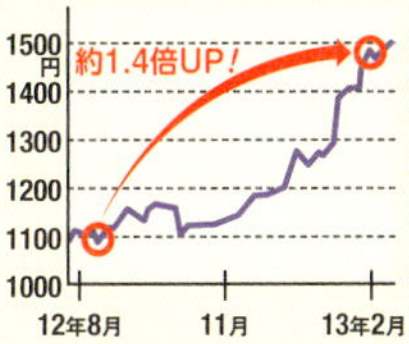

セントラルスポーツ

●コード：4801
●市場：東証一部
●株価：1,526円
●売買単位：100株

健康

話題のタニタ食堂を手掛ける

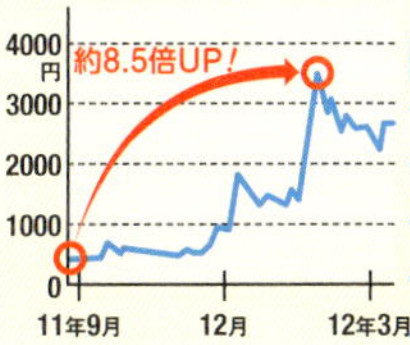

きちり

●コード：3082
●市場：東証二部
●株価：454円
●売買単位：100株

※2013年6月に株式1株を3株に、12月に1株を2株に分割。

医療

医療カルテの電子化で成長！

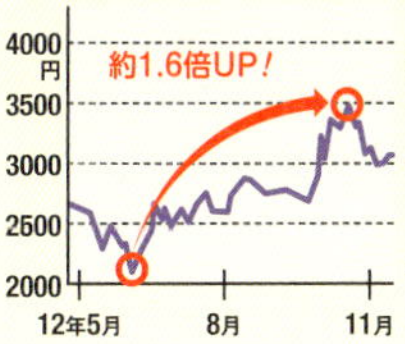

ソフトウェア・サービス

●コード：3733
●市場：東証JASDAQ スタンダード
●株価：3,775円
●売買単位：100株

＼楽しくてやめられない！／

ゲームやおもちゃ 遊び

スマホの普及とともに、最近はディー・エヌ・エーの「Mobage（モバゲー）」に代表される携帯・スマホアプリのゲームが大ブーム。今後もさらにその勢いは高まりそうです。

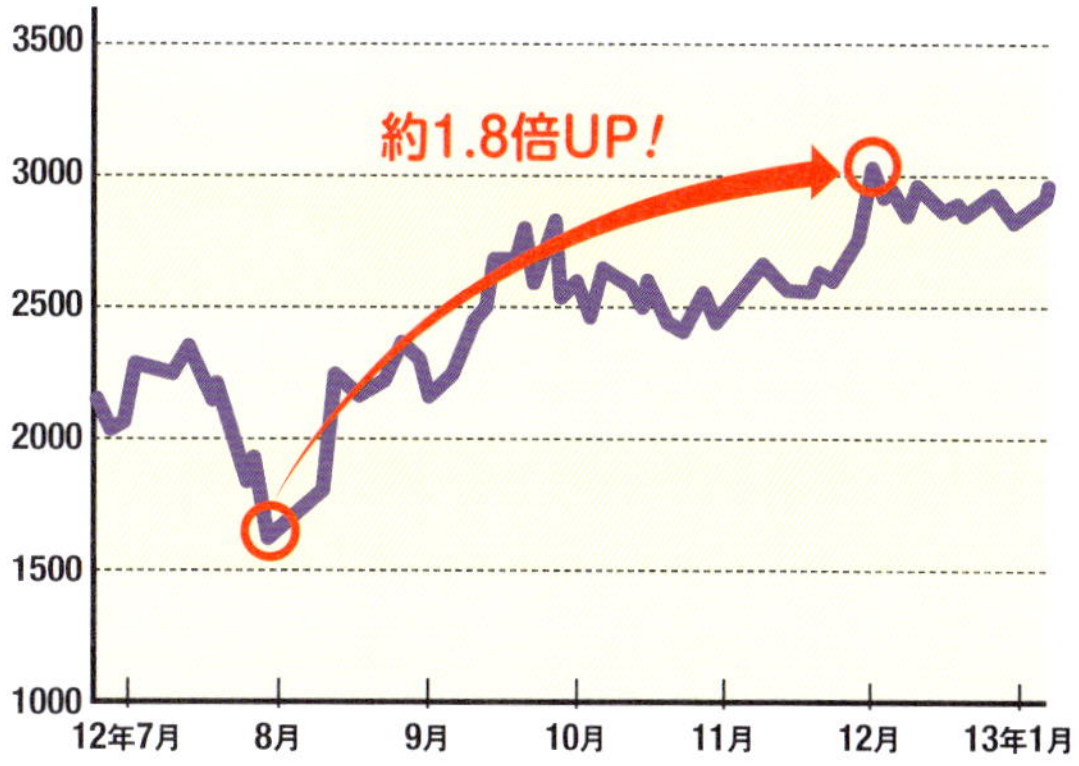

ディー・エヌ・エー

●コード：2432 ●市場：東証一部
●株価：1,833円 ●売買単位：100株

携帯やスマホで遊べるゲームが豊富にそろう会員数5000万人の「Mobage《モバゲー》」や無料通話アプリ「comm《コム》」などを提供。

かくれているのです。

たとえば、自分が気にいって使っている道具や食品を製造している企業はどこでしょうか。また、自分がよく利用するサービスや店舗はありますか。自分を含め、消費者や利用者に評判がよい企業は業績が伸びているはずです。

流行に敏感な女性誌の情報や口コミ情報、最近急増した店舗はないかチェックするなど、暮らしの中でアンテナを張って、成長している株を探してみましょう。

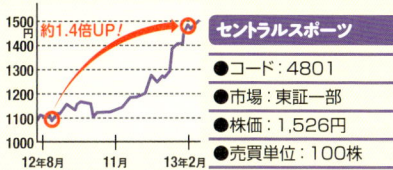

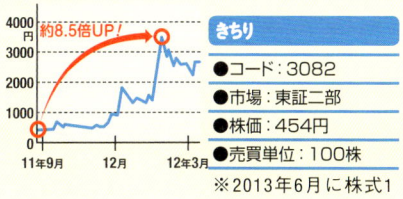

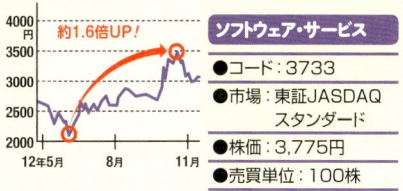

株は、まとまった予算がないとはじめられないイメージがありますが、それは間違い。高額な株はもちろんありますが、1株100円以下の株も存在するなど価格はさまざま。1万円くらいの資金か

Q3 株初心者 かぶ子さん
予算が少なくても株は買えるの？

A3 株歴8年 かぶ男さん
株によっては1万円から買えます！

4万円以内で買える株

100株で 2万9000円！

バイク王&カンパニー

●コード：3377 ●市場：東証二部

●株価：290円 ●売買単位：100株

バイク買い取りの最大手。独自のバイク買い取りシステムを構築した「バイク王」を全国展開。

100株で 3万9700円！

セブン銀行

●コード：8410 ●市場：東証一部

●株価：397円 ●売買単位：100株

コンビニエンスストア「セブン - イレブン」の店舗を中心に、ATMを展開。ATM設置数は、19,000台以上。

100株で 3万9900円！

オリコン

●コード：4800 ●市場：東証JASDAQスタンダード

●株価：399円 ●売買単位：100株

日本を代表する音楽ヒットチャートを発表。収益の柱はWEBサイトの広告販売と音楽配信サービス。

100株で 3万7000円！

ぱど

●コード：4833 ●市場：東証JASDAQグロース

●株価：370円 ●売買単位：100株

地域密着型のフリーペーパー事業を軸に、ポータルサイトやモバイルサービスも伸張。FC制で全国展開。

らでも気軽にはじめることができます。

　そこで覚えておきたいのは、株には「★**単元株数**」というルールがあること。**これにより、売買できる単位が決まっており、１００株ずつからしか買えない企業がほとんどです。**この単元株数により、価格は大きく変わります。

　低予算からはじめたい人には、証券会社が提供する株式ミニ投資サービス（ミニ株➡P61）もおすすめです。

用語Check!

★**単元株数**（たんげんかぶすう）

株は銘柄によって、「10株単位」「100株単位」「1000株単位」などと売買できる株の単位が決まっている。「100株」「1000株」単位が多く、今後100株に移行され、1株単位の株の銘柄はなくなる予定。

4～7万円で買える株

100株で

4万9800円！

シダックス

●コード：4837　●市場：東証JASDAQスタンダード

●株価：498円　●売買単位：100株

学校・企業の給食事業、レストランカラオケ、公共サービスも手がける健康創造総合サービス企業。

100株で

6万200円！

パソナグループ

●コード：2168　●市場：東証一部

●株価：602円　●売買単位：100株

人材派遣の草分け的存在。人材派遣の他、業務請負、人材紹介、再就職支援、福利厚生代行などを展開。

100株で

5万6900円！

三菱UFJフィナンシャル・グループ

●コード：8306　●市場：東証一部、名証一部

●株価：569円　●売買単位：100株

三菱東京UFJ銀行、三菱東京UFJ信託銀行など傘下子会社、グループ企業の経営を管理。

100株で

4万8500円！

ヤフー

●コード：4689　●市場：東証一部

●株価：485円　●売買単位：100株

検索エンジンなど日本を代表するポータルサイト運営会社。筆頭株主はソフトバンク株式会社。

資金があったらどうする?

株 株投資をする

投資方法や選ぶ株などによって、リスクはあります。儲けを急いで短期投資に走らず、企業の成長とともに資産を増やすつもりで、堅実な長期投資を行えば、銀行の利子よりも儲かります。

多少のリスクはあるが銀行の利子より増やせる!

BANK 銀行にお金を預ける

預金者から集めたお金を元手に、銀行が企業を選び、貸付をして利息を得ます。貸付金を回収できないかもしれないリスクは銀行が負うため、預金者への利子は銀行の利益にかかわらず少額です。

※普通預金の平均年利率=0.020%(2014年3月現在)

お金は減らないがほとんど増えもしない!

Q4 株初心者 かぶ子さん

初心者は、はじめは損するものじゃないの?

A4 株歴8年 かぶ男さん

堅実に行えば、銀行預金の利子よりも増やせます!

株投資の魅力は、多少のリスクを背負うことで、より多くの利益を期待できる点にあります。「お金を出して利益を得る」点か

4つの心得で大損を避ける！

心得1 株を買う目的をはっきりする

株を買う目的は何か、まずは考えてみましょう。効率的に貯蓄を増やしたい、住宅資金にあてたいなど、ビジョンを明確にしたら、投資方法も自然と決まってきます。

心得2 株をギャンブルととらえない！

「○○株が10倍に上昇」などの情報を聞くと一攫千金を夢見てしまいますが、株はギャンブルではありません。初心者は、ローリスク型の投資方法で、長期的な利益UPを目指しましょう。

心得3 ゆっくり・じっくり焦らない！

マスコミの情報や人の話などに惑わされ、不安になるのは禁物。情報収集は大切ですが、日々の値動きに一喜一憂せず、ゆっくり、じっくりと構えましょう。焦ると冷静な判断ができなくなります。

心得4 手数料をなるべく抑える！

株取引は基本的に、1回行うごとに手数料がかかります。株取引の回数が増えると、その分手数料を払う回数がかさみ、利益を減らすことになってしまうので気をつけましょう。

らいえば、銀行預金も株投資と似た側面がありますが、そこには違いがあります。銀行預金は、銀行がリスクを背負って預金者のお金を使い、預金者に利子をつけます。預金者にとってリスクが低い分、受け取り額はわずかなもの。一方、**株は自分が直接リスクを負って投資（出資★）をする分、より多くの利益を得ることができます。**

しかし、初心者が最初からハイリターンを期待し、大きなリスクを背負う必要はありません。まずは**堅実な長期投資**（➡P17）**がおすすめです。**

用語Check！

★**出資**（しゅっし）

企業経営のために資金を出すこと。企業の返済は不要だが、出資者が出資した分経営に参加でき、利益が出た場合の配当が期待される。「融資《ゆうし》」の場合は、利息と全額の返済が必要になる。

株を持つことで得られる利益のひとつに、株主優待があります。**株主優待とは、株を買った人に対する企業からのプレゼント。**魅力的な株主優待サービスを行うことで、自社株を買ってもらうアピ

Q5 株初心者 かぶ子さん
株主優待って何がもらえるの？

A5 株歴8年 かぶ男さん
商品、割引券、本当にさまざまです！

※2015年4月8日現在

おトク！ 優待券・割引券

約92万円でもらえる

©Disney

オリエンタルランド

- ●コード：4661
- ●市場：東証一部
- ●株価：9,205円
- ●売買単位：100株

100株以上で保有数に応じて1デーパスポートが最低1枚からもらえる。

エイチ・アイ・エス

約43万円でもらえる

- ●コード：9603
- ●市場：東証一部
- ●株価：4,305円
- ●売買単位：100株

100株以上で2000円、500株以上で4000円、1000株以上で6000円の旅行優待券。ほか、ハウステンボス入場割引券もあり。

B-Rサーティワン アイスクリーム

- ●コード：2268
- ●市場：東証JASDAQスタンダード
- ●株価：4,315円
- ●売買単位：100株

100株以上で1000円分、500株以上で1500円分など、保有数に応じて自社優待券を用意。

プロネクサス

- ●コード：7893
- ●市場：東証一部
- ●株価：792円
- ●売買単位：100株

100株以上で1000円分、1000株以上で3000円分のQUOカード（株式保有1年以上の場合）。

定番！ 食の優待

約70万円でもらえる

伊藤ハム

- ●コード：2284
- ●市場：東証一部
- ●株価：695円
- ●売買単位：1,000株

3月末に1000株以上で、5000円相当の自社商品詰め合わせ（6月送付）。

日清食品ホールディングス

- ●コード：2897
- ●市場：東証一部
- ●株価：5,890円
- ●売買単位：100株

100株で1,500円相当の即席麺、菓子などグループ会社製品詰め合わせ。詳しくはHPで。

ホクト

- ●コード：1379
- ●市場：東証一部
- ●株価：2,194円
- ●売買単位：100株

100株以上で、ぶなしめじやエリンギなど、自社きのこの詰め合わせセット。

積水ハウス

- ●コード：1928
- ●市場：東証一部、名証一部
- ●株価：1,776円
- ●売買単位：100株

1000株以上で新米魚沼産コシヒカリ5kg。

ールにもなります。
優待内容は、企業や保有株数によってさまざまです。人気が高いのはやはり食に関する優待。食品メーカーによる自社製品や飲食店企業の食事券はうれしい特典です。ほかに、航空券の半額優待券、ホテルの宿泊券、テーマパークのチケット、図書カードやギフトカードなどもあります。

株主優待を受けるために必要な株数は決まっているので、はじめに確認しておきましょう。

愛用品があるかも！ 自社商品

約45万円でもらえる

※写真は1万円相当

ドクターシーラボ

- ●コード：4924
- ●市場：東証一部
- ●株価：4,470円
- ●売買単位：100株

100株以上で1万円、200株以上で2万円、300株以上で3万円相当の化粧品など自社製品セット。

ロート製薬

- ●コード：4527
- ●市場：東証一部
- ●株価：1,681円
- ●売買単位：100株

1000株以上で1万円相当の自社製品セットまたは、社会貢献活動団体への寄付。

約168万円でもらえる

ダイドードリンコ

- ●コード：2590
- ●市場：東証一部
- ●株価：4,945円
- ●売買単位：100株

100株で3000円相当の自社製品コーヒー・ジュース飲料、ゼリーなどの詰め合わせ。

約50万円でもらえる

まだある！

こんなオモシロ優待も！

株主優待は、まだまだほかにもたくさんおもしろいものがあります。「へー！　そんなものもあるんだ」と思わず欲しくなってしまう株主優待をご紹介。

自社主催イベント･映画の抽選招待やオリジナルグッズをプレゼント

アミューズ

- ●コード：4301
- ●市場：東証一部
- ●株価：3,415円
- ●売買単位：100株

約34万円でもらえる

記念日などに使える株主写真撮影券をプレゼント

スタジオアリス

- ●コード：2305
- ●市場：東証一部
- ●株価：2,291円
- ●売買単位：100株

約23万円でもらえる

自社オンラインショップから株数に応じた商品が選べる

クロスプラス

- ●コード：3320
- ●市場：東証二部、名証二部
- ●株価：765円
- ●売買単位：100株

約8万円でもらえる

株取引は従来、証券会社の店舗を通すのが一般的でした。しかし、電話や直接出向いて注文すると時間がとられるうえ、手数料も高額。現在では「ネット株取引」が主流になっています。

Q6 株初心者 かぶ子さん

忙しくてそんなに株価をチェックできないけれど…

A6 株歴8年 かぶ男さん

忙しくても株はできます！

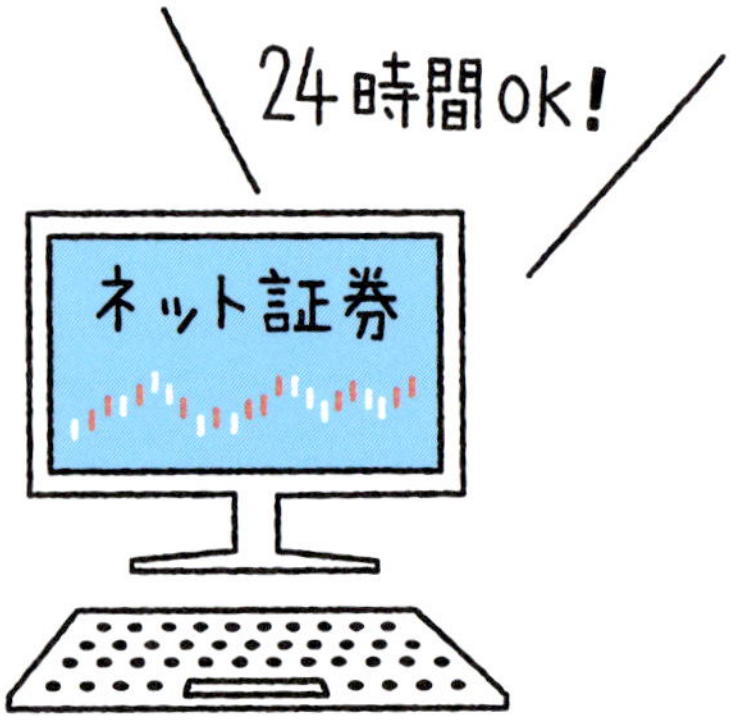

24時間注文できて取引もスイスイ

インターネットなら時間を問わず、いつでも好きな時間に注文が出せます。証券取引所が開いている時間（およそ9：00～15：00）に取引する際も、ブロードバンド化が進み、通信環境がよくなったため、スムーズで快適な取引が行えます。

ネット株は忙しい人のミカタ

あっという間に買えてしまう！

証券会社の営業マンを窓口にすると、電話や窓口でのやりとりが大変。インターネットならクリックひとつで注文完了！　訂正や、取り消しも手間なしです。

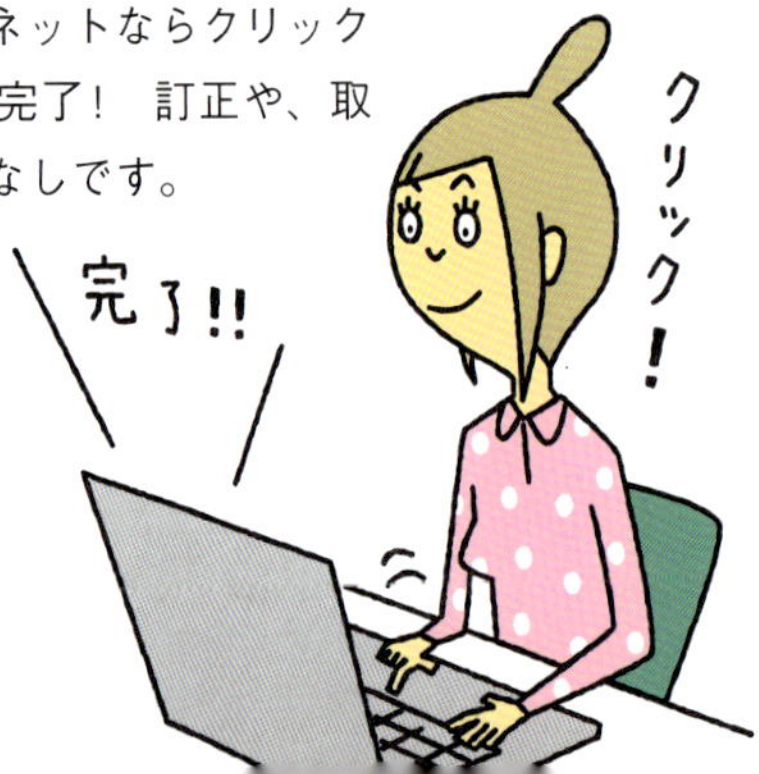

いつでもどこでもチェックできる！

携帯電話、スマートフォン、タブレット型端末などにより、今や場所を選ばずにどこででも、ネット取引や保有株のチェックなどが可能です。

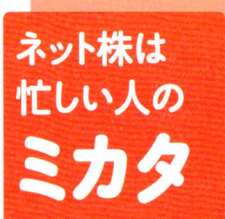

ネット株取引は、インターネットさえ使えれば、いつでもどこでも取引することができます。また、携帯電話やスマートフォンなどからも操作が可能。サラリーマンから主婦、OLまで、誰でも手軽にできます。

最大の魅力は、手数料の安さ。対面での取引なら数千円かかるところが、ネット取引なら数百円ですみます。さらに、注文がスピーディで情報も集めやすく、利便性にも優れています。

初心者でも
そうでなくても
長期投資がオススメ！

とくに便利！

予約をすれば自動で取引できる！

とくに忙しい人におすすめなのが、ネットでの自動売買。あらかじめネット証券会社へ希望の値段を伝え、前もって売買を頼んでおくことができます。

（逆指値《ぎゃくさしね》注文➡P70）

今頃取引中だな…
予約!!

比べてみる！

長期投資vs短期投資

投資をする場合、取引のスタイルはいろいろ。一般的に取引期間が5～10年のものを長期投資、1日～数週間で取引することを短期投資といいます。短期投資は株価をマメにチェックする必要があります。

5分だけよ

長期投資

ローリスク＋コツコツ利益

株主優待や配当（➡P52）などを楽しみながら、長期的な株価の上昇を待ちます。上昇は緩やかですが、売却益も期待できます。

短期投資

ハイリスク＋ハイリターン？

短期間に売買を行い、利益を積み重ねる方法です。1日に何度も売買をするデイトレード（➡P142）は変動が激しく、リスクが高くなります。

売り！ 売り！
買い！
メラメラ

株をはじめようと思っているみなさんへ

とうとつですが、もしかしたらあなたは「株って、むずかしいのでは？」という先入観を持っていませんか？

私は現在、ホームページを通して、株初心者の方にアドバイスを行う仕事をしています。そこでは、「株って、むずかしいですよね？」とメールをいただくことがあります。

たしかに、自分が株をはじめる前を振り返ってみても、

「株はとてもむずかしそうだし、自分にはきっとよくわからないんだろうなぁ」

「仮に株をはじめたとしても、初心者はプロのカモになるだけで、どうせ最後には損をするだろうし…」

などと構えていて、〝投資〟というジャンルには、まったく見向きもしませんでした。

しかしあるとき、会社の先輩から「持ち家をローンで購入したけど、やりくりが大変」と聞きました。それ以来「自分が家を買うときは、事前にお金の準備を少しでも多くしておきたい」という思いが強くなり、株取引に挑戦することに。すると、きちんと体系的に学習をすれば、いわゆる〝プロ〟という存在とも互角に

やっていけることがわかったのです。

もちろん、すべての人が必ずうまく行くと保証することはできませんが、この本を読んで株取引をやっていくと、「自分が想像していたよりも、意外にうまくいっている」と手ごたえを感じてもらえるときがいずれ来るはずです。

私はもともと経済学の専攻ではありませんし、金融とは畑違いの食品メーカーに勤めていました。そんな仕事のかたわらでも、まずまずの利益が残せていたということは、たんなるラッキーだけではなく、「株取引は初心者にも十分チャンスがある」という証明だと思います。本当にうまく行くかどうかは、このまま読み進めていただいて、ご自身で実際に確かめてみてください。

当たり前のことを言いますが、お金って大切なものですよね。しかし、残念なことに、はじめから少しも失敗しない人は、ほとんどいないと思います。私も投資ではたくさんの失敗をしました。みなさんも小さな失敗を積み重ねながら徐々にレベルアップし、だんだんと利益を出せる投資家になっていただければと思います。

どんなプロ投資家でも「最初は初心者」なのです。そう考えると、なんだかできそうな気がしてきませんか？

ライフパートナーズ株式会社
代表　竹内弘樹

竹内弘樹
（あだ名・ひっきー）

もくじ

Part 3
今が買い？ 売り？ 情報を分析する

Part 4
安定した運用にする投資テクニック

Part 5

ここが損得の分かれ目！初心者のあるあるパターン

ハミダシコラム

株コツ　株取引が少し「スムーズになる」実用的なコツや「楽しくなる」アイデアを紹介。

知っ得　知っておくと株取引の「見方が変わる」「幅が広がる」おトクな情報を紹介。

竹内先生 Advice　竹内先生が、初心者のころを思い出しながら、これから取引を行うみなさんにアドバイス。

〈注意書き〉
- 本書の掲載内容に関しては細心の注意を払っていますが、必ずしも正確な内容にならない場合もあります。本書掲載内容に従って投資を行い、損失を出した場合も、監修者及び出版社はその責任を負いません。株式投資は、自身の判断を元に行ってください。
- 本書は特定の銘柄及び証券会社、金融商品をすすめるものではありません。
- 本書は特に明記しない限り、2015年4月8日現在の情報にもとづいています。
- 株価は日々変動しており、それに伴う情報にも変更がある場合があります。最新の情報は証券会社や各社のホームページなどをご確認ください。

Part 1

0《ゼロ》からわかる！
株のこと

株取引をはじめるまえに、
押さえておきたいポイントを中心に紹介。
株のことをまったく知らなくても、
この章だけ読めば基本がすべてわかります。

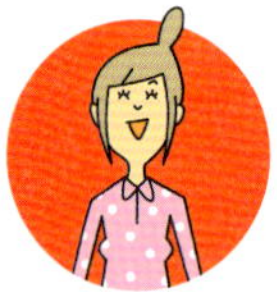

株ってどんなもの？

銀行にお金を預けて企業に投資していた

まず、企業と銀行の関係から株を説明してみましょう。

銀行が企業にお金を貸すと、利子がプラスされて戻ってきます。これが銀行の利益です。銀行に集まるお金は、私たちが預けたお金。つまり、私たちは銀行を通して、企業に出資していることになります。これを**自分で直接、企業を選び、お金を出すのが株です。**

株は、株式会社が運営資金を集めるため、お金を出して（投資）くれた人に発行します。多くの企業は、株の発行と銀行からの借入の2つが運営資金の軸です。

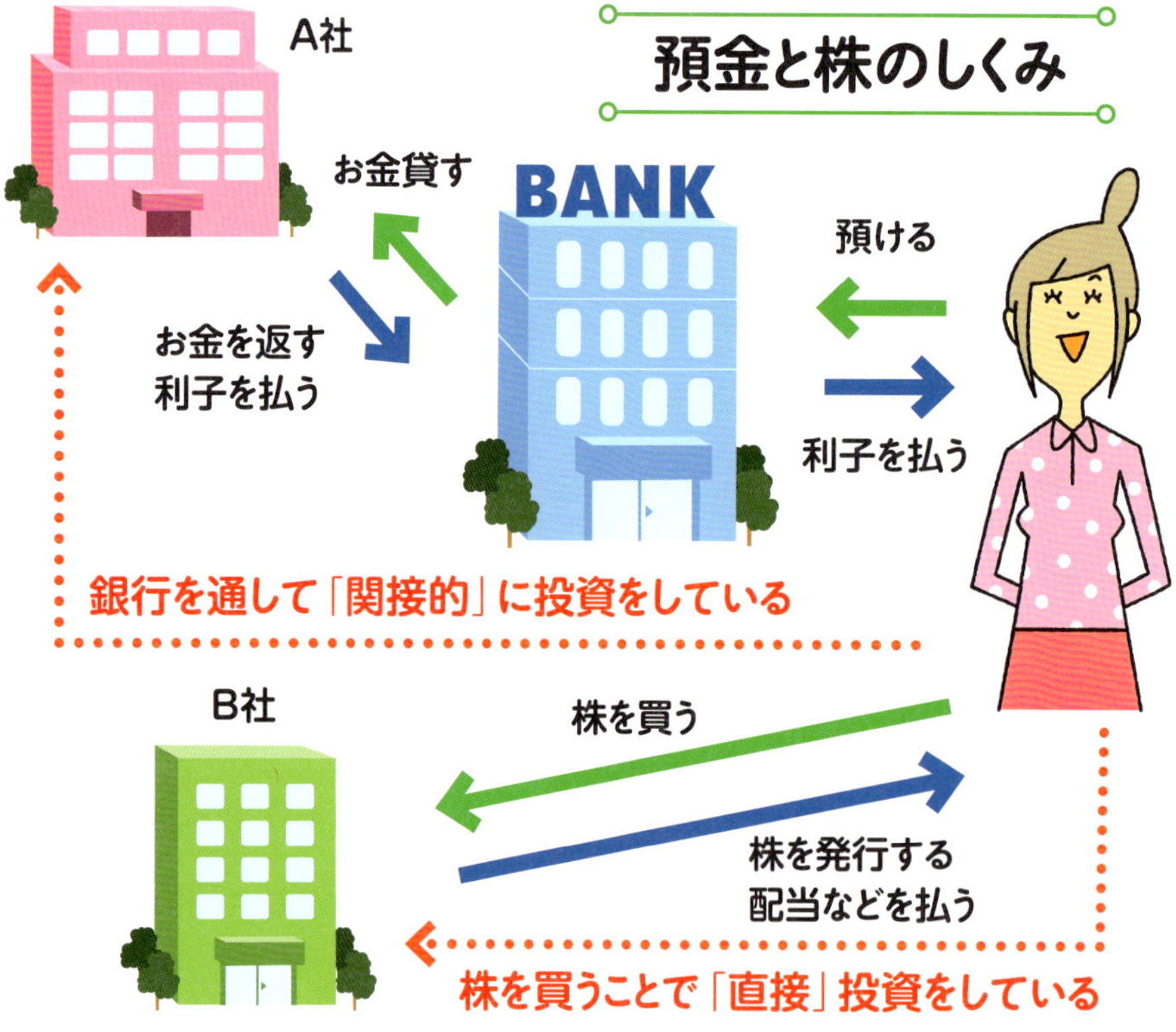
預金と株のしくみ
A社
お金貸す
お金を返す
利子を払う
BANK
預ける
利子を払う
銀行を通して「関接的」に投資をしている
B社
株を買う
株を発行する
配当などを払う
株を買うことで「直接」投資をしている

コレがわかる！

- 株とは、株式会社が発行するもの。
- 株で得た資金は利子がなく返済義務もない。
- 会社は株と借入の両方から資金を集められる。

知っ得

「預金」と「株」の大きな違い

元本保証（投資した金額が必ず戻ること）の有無です。預金は元本保証されている分、安全性は高いですが、ローリターン。株は元本保証されていませんが、目利き次第で、高いリターンが見込めます。

株でお金を集める利点とは？

銀行にお金を預けることは間接投資であり、このご時世なので見返り（利子）はほとんど期待できません。そこで**自分で直接的に投資を行い、銀行預金以上のメリットを期待するのが株式投資**です。

ところで、なぜ企業は資金のすべてを銀行から借りずに、株を発行するのでしょうか？　それは、銀行から借入れたお金は、契約で利息をつけ、返済日を守って返さなければなりません。一方、株で集めたお金は、借入のように返済義務はなく無利子です。**企業が倒産して株の価値がなくなったとしても、株を買ってくれた人に対して、責任をとる必要がありません。**

同じような調達資金に見えても、そのお金の性格には、違いがあるのです。

株と借入は使い分けられている

それなら、返済義務のない株だけで資金調達をしたほうがよいのではないかと思う人もいるかもしれません。しかし**株は、投資家にその企業の成長力や魅力を伝えることができなければ買われることがなく、資金は集まりません。**

また株を買う行為は、企業の経営権や利益を受け取る権利を得るということ。**株を発行しすぎて大部分を買い取られた場合、経営権が脅かされることもあります。**

このような理由から、企業は株の発行と借入の両方をバランスよく使い分けながら運営しています。

株をたくさん発行すると…

お金がないから
株を発行するぞ！
新規
80%の株を
私が買ったので
私がオーナーです
株が
売れない…
新規
ボスと呼んでね
ドッサリ
エー

株が売れないと
お金が集まらない

株を買い占められると
経営権がなくなる

株ってどんな存在？

株主は会社の経営者のひとり！

株の購入者は、「株主《かぶぬし》」と呼ばれるとともに、企業の一部を購入することになります。**株主はたとえ少額の購入でも、企業のオーナーとして、権利の一部を持つことができるのです。**

たとえば、A社の発行する株の合計数が3万株として、そのうち500株だけ買うと、3万分の500（60分の1）の権利を持つことになります。もちろんすべての株を買えば、企業は自分のものです。

数にかかわらず株を買うことは、その企業を応援することや経済活動へ参加することにもなります。

保有分だけ経営権がある

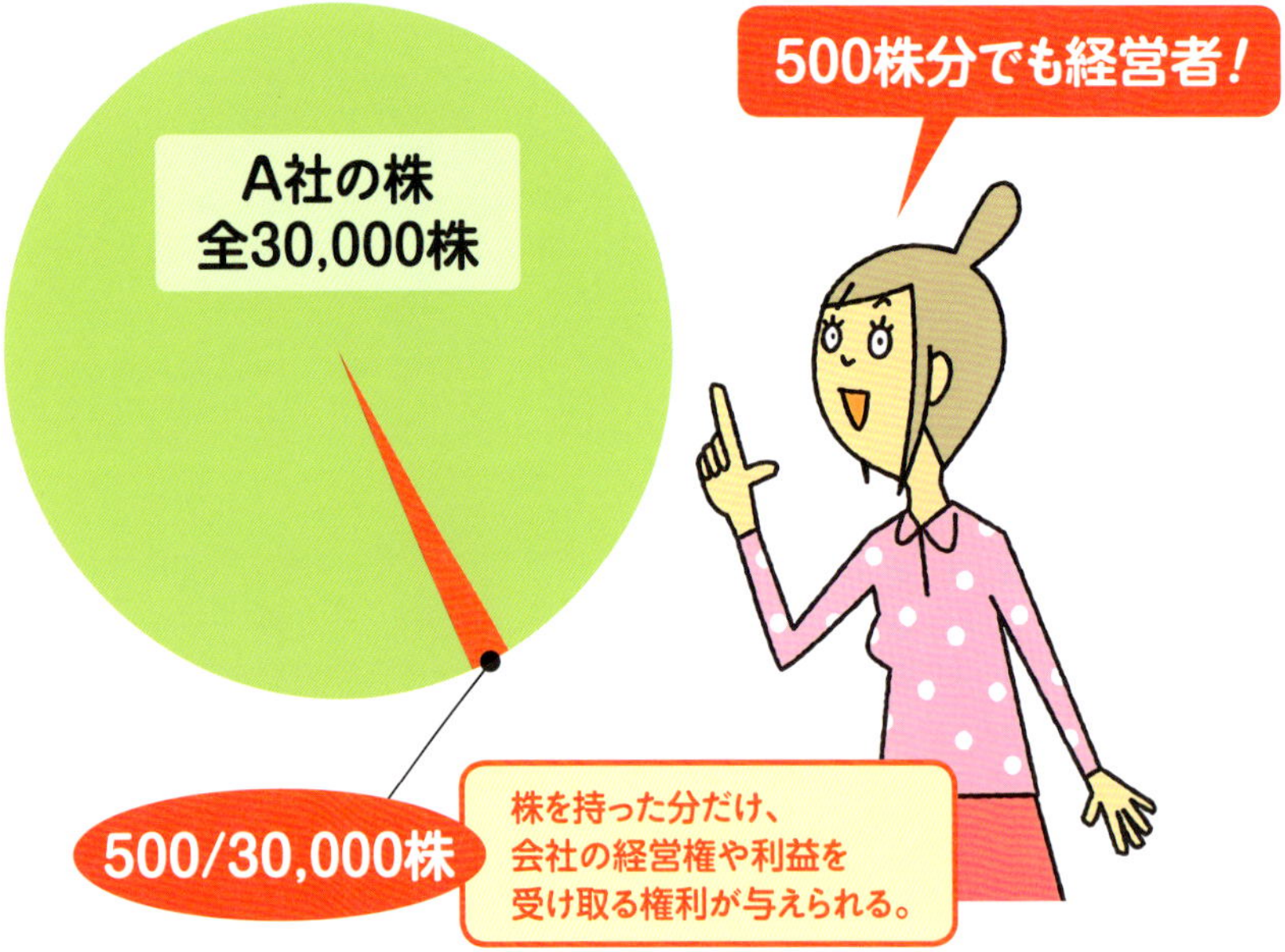
500株分でも経営者！
A社の株
全30,000株
500/30,000株
株を持った分だけ、
会社の経営権や利益を
受け取る権利が与えられる。

竹内先生 Advice

1単位（100株）だけでもオーナー

投資家として株を買う以上、1単位（100株）でも会社のオーナーであることには変わりありません。私たちの大切なお金をまかせるわけですから、たった1単位の銘柄選びであっても、慎重に選びたいものですね。

コレがわかる！

- ✓ 株主は会社経営権を持つ共同オーナー。
- ✓ 株主は会社の利益を受け取る権利がある。
- ✓ 株主は会社の株主総会を開く構成員。

株主が持っている権利とは？

株主が持つ大きな権利のひとつが「配当」です。**企業が利益を上げた場合、株主は保有する株数に応じて分け前＝配当を受け取ることができます**（➡P33）。配当とは、稼いだお金の一部を株主に還元するもの。お金（配当金）のほか、株主優待（➡P52）もあります。

ほかに、★株主総会に議決権を持って参加し、社長に質問をしたり、ときには経営陣を交替させたりすることもできます。

用語Check!

★**株主総会**（かぶぬしそうかい）

株式会社の最高意思決定機関。議決権を持つ株主によって構成される機関で、定期的に行われる定時総会と、必要なときに開かれる臨時総会の形式がある。

会社の利益のゆくえ

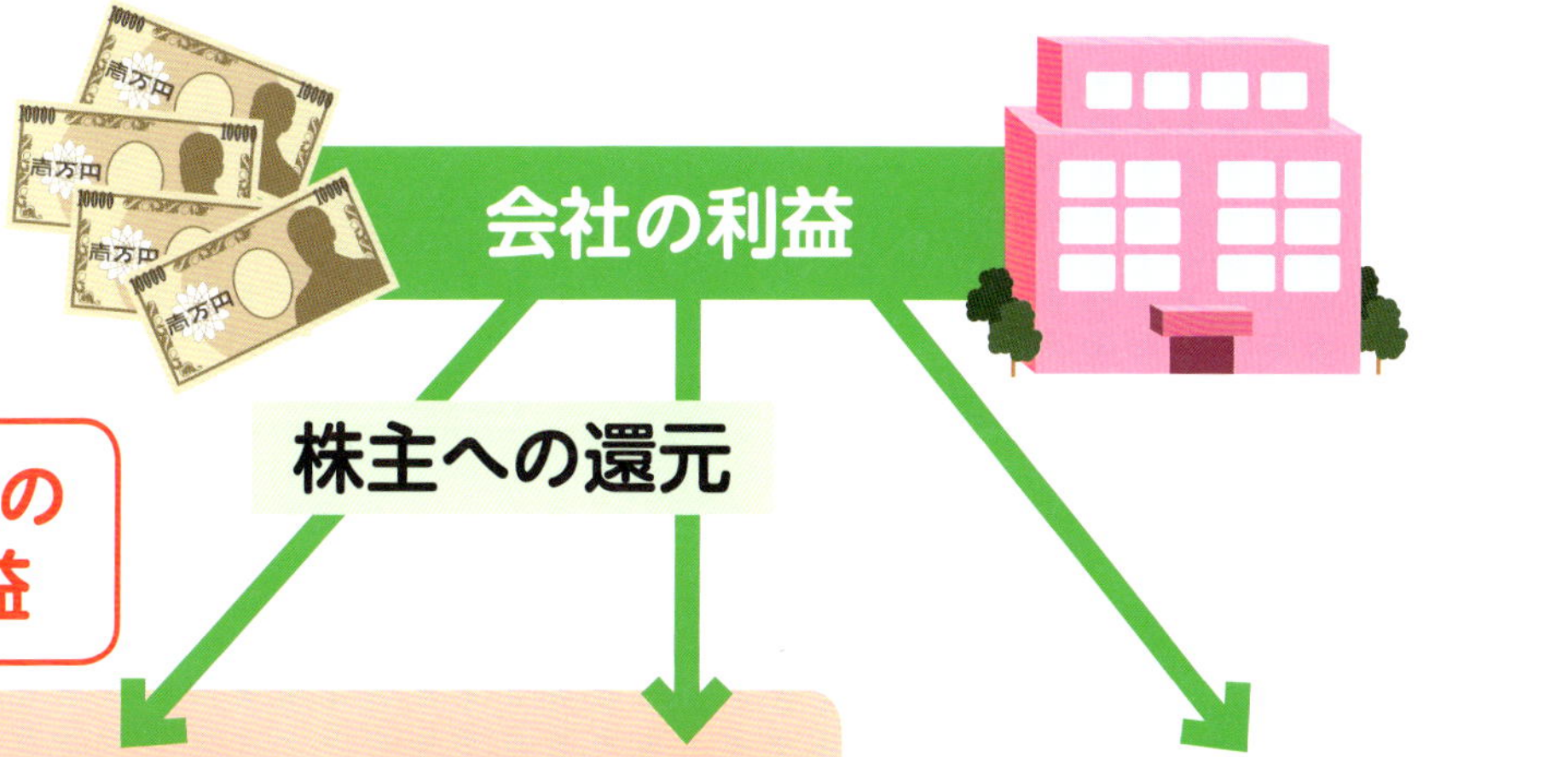

配当金

会社の利益が出たときに、株主に配られる分け前です。そのときの利益で額は変わり、金額は株の保有数で決まります。

株主優待

配当が現金であるのに対して、株主優待は自社製品や商品券などが配られる、うれしい贈り物のことです。

事業拡大・内部留保

会社の利益から人件費、商品の仕入れ代などの必要経費が使われ、さらに残った分を事業拡大や内部留保（将来にそなえた貯蓄）に使用します。そこからさらに残った分が株主の利益へと還元されます。

株はどこで買える？

証券会社を通して株を買う

株は会社が発行していますが、そこから直接買うことはできません。**株の購入は、証券会社**（⇒P42）**という、金融庁に登録された注文取り次ぎ会社を通します。**そして、証券取引所（株式市場）で売り買いされます。

また、株などを売買することを「**取引**」といい、株を所有している人を「**株主**」と呼びます。そして、株をはじめ債券、投資信託など金融商品を運用して利益を得ようとする人すべてを「**投資家**」と呼びます。証券取引所はまるで食品の卸売市場のような役割があります。

株取引のしくみ

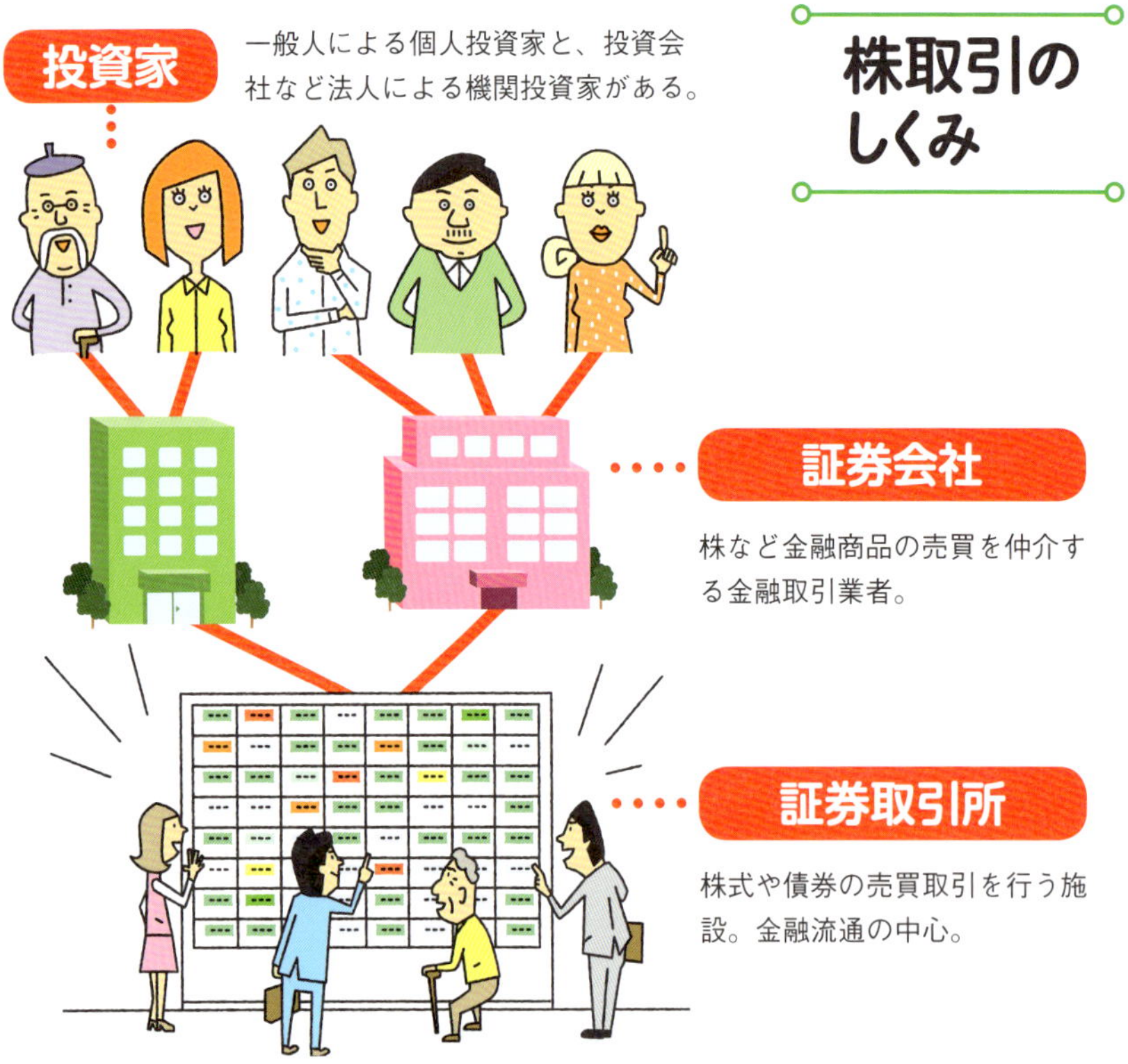
投資家
一般人による個人投資家と、投資会社など法人による機関投資家がある。
証券会社
株など金融商品の売買を仲介する金融取引業者。
証券取引所
株式や債券の売買取引を行う施設。金融流通の中心。

株コツ

証券会社によって手数料はさまざま

どの証券会社でも株を買うことはできますが、売買手数料はさまざまです。一般的には、営業マンが付くような大手証券よりも、ネット証券で取引をしたほうが、割安の手数料で取引ができます（⇒P44）。

コレがわかる！

- ✓ 株は、証券会社が注文の取次を行う。
- ✓ 株の売買は、主に証券取引所で行われる。
- ✓ 証券取引所で取引できる会社が上場会社。

証券取引所の役割とは

もし、証券取引所がなかったとしたら、株の売買の際、相手探しや値段交渉を自分でしなくてはなりません。買い手・売り手が見つからないことも予想されますし、取引の効率も悪くなります。

証券取引所は取引をスムーズにし、経済を活性化するのに欠かせません。証券取引所は全国各地にあります。もっとも有名なのが東京証券取引所（東証）。★上場企業は第一部、第二部のセクションに分かれています。

用語Check!

★上場（じょうじょう）

証券取引所場内で株などの売買をするには、各証券取引所による基準をクリアする必要があります。その基準をクリアして、取引が許可されることを、「上場する」といいます。

日本の証券取引所

証券取引所と市場	ベンチャー企業[※1]向け市場	取引時間
東京証券取引所（東証） 第一部・第二部	マザーズ 東証JASDAQ	前場[※2] 9:00～11:30 後場 12:30～15:00
名古屋証券取引所（名証） 第一部・第二部	セントレックス	前場 9:00～11:30 後場 12:30～15:30
福岡証券取引所（福証）	Q-Board	前場 9:00～11:30 後場 12:30～15:30
札幌証券取引所（札証）	アンビシャス	前場 9:00～11:30 後場 12:30～15:30

※1 ベンチャー企業：新しい技術や事業を開拓し、事業をはじめた企業のこと

※2 前場、後場：午前と午後にある取引のこと（詳しくは➡P59）

株価はどう決まる？

売買価格が重なったとき株価が決まる

株は、注文を出したとしても、必ず買える（売れる）とは限りません。株の値段を株価といいますが、**買いたい人と売りたい人の株価が、ぴったりと重なったところではじめて売買が成立します。**

株取引は人間が行うものですから、感情が働きます。買いたい人が多い株なら、売り手は「少しでも高く売りたい」と思うでしょう。買いたい人は「できるだけ安く買いたい」と思いつつも「人気株なら、多少高くても買おう」と思います。このような投資家の感情は、株価を左右する要素のひとつです。

取引成立のしくみ

用語Check!

★**約定**（やくじょう）

株などを売買する際、証券会社に注文を出して取引が成立することを約定といいます。取引が成立しない場合は「買い（売り）注文が約定しなかった」といいます。

コレがわかる！

- ✓ 株価は売買したい人のバランスで決まる。
- ✓ 株が売買成立することを約定という。
- ✓ 取引は毎日行われ、株価は日々変化する。

株コツ

取引成立が難しい条件は？

株取引は、条件の合う相手がいないと注文が成立しません。ですから、あまり取引が活発でない銘柄では、買いたい値段で株を買えなかったり、売りたい値段で株を売れなかったりすることがあります。

「安い」「高い」の決まり方

株価の伸びがよい株は、企業の業績が好調で、利益が見込めるため、高めの株価でも買いたいと思う人が増えた状態です。原理は、買いたい人同士の競争が起こるオークションと同じです。企業が株主に対する配当金を増やすとき、新製品が発売されるときなどに、株価は上がります。

企業の成長が見込めないなどの理由で売りたい人が多い場合、株価は安くなります。売りたいのに買う人が少なく、いわば「○円ならどうだ！」と、たたき売り状態になってしまい、値段が下がっていく現象です。

株取引は毎日行われます。**株価に定価はなく、取引が約定★するたびに変動します。株価とは、直近で取引が成立した値段**を指します。

高い株
買い手が多い
高くてもいいから買いたい！
売り手が
少ない

買い手が多いと高くなる！

安い株
売り手が多い
安くてもいいから売りたい！
買い手が
少ない

バブルに注意!!

人気があると株価は上がります。株価が上がると、さらに人気が上がるということが。このような現象をバブルといいます。実態をともなっていないこともあるので注意が必要です。

株でどうやって儲ける？

株を売って儲ける「値上がり益」

株の購入で儲けるしくみについて、知っておきましょう。

株で儲ける方法にはいくつかの方法があります。そのひとつで基本的な方法が、**株の「値上がり益」を得る方法。値上がり益とは、株を買ったときよりも売るときに株価が上がり、それによって出る儲けのこと。**たとえば、5万円の株を購入し、その後10万円になったときに売ると、差額の5万円が儲けとなり、「5万円の値上がり益が出た」ということになります。

安く仕入れてなるべく高く売る、商売の基本としくみは同じです。

値上がり益とは

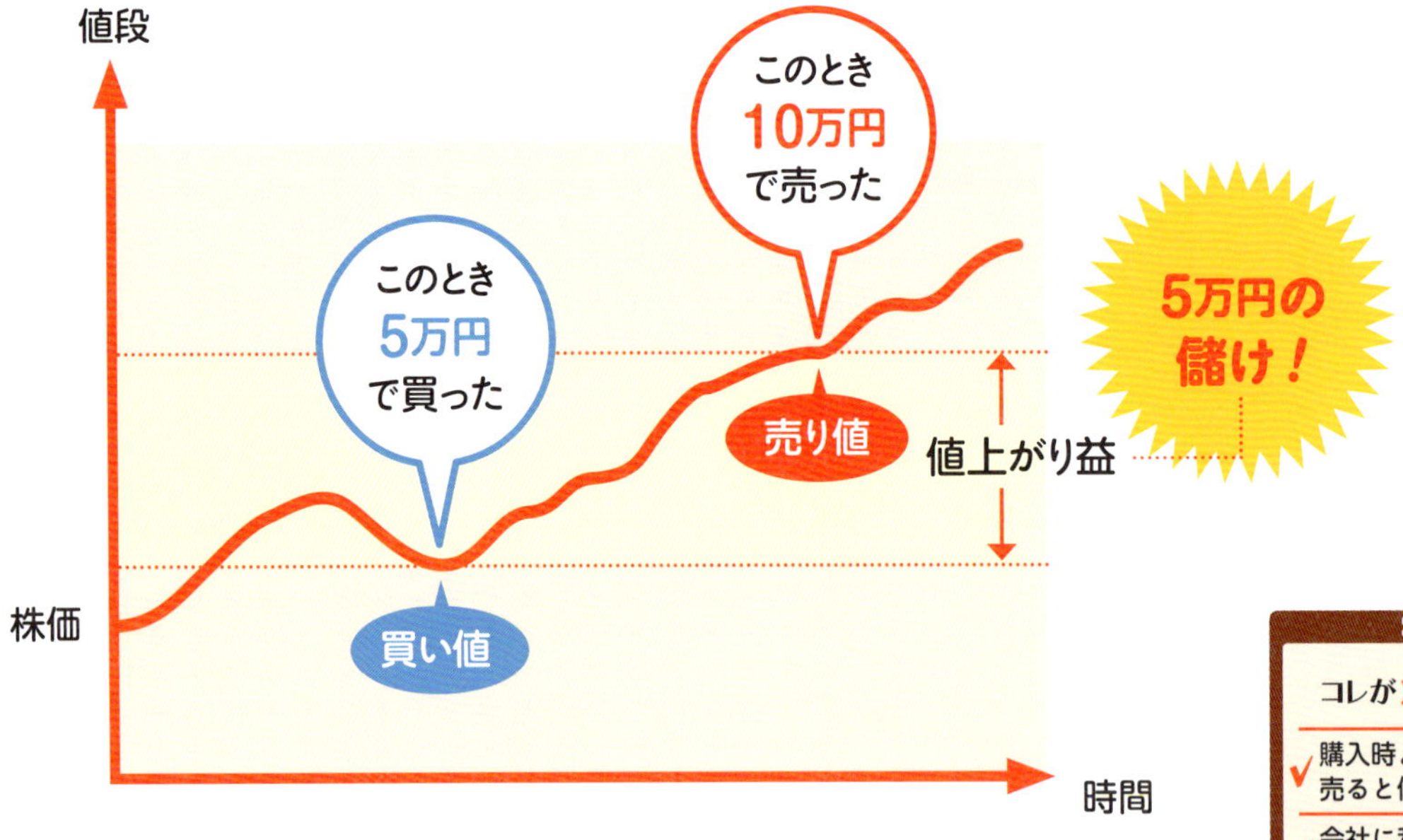

値段
このとき
10万円
で売った
このとき
5万円
で買った
5万円の
儲け！
売り値
値上がり益
株価
買い値
時間

その株は本当にまだ上がる？

株 コツ

「安く買って高く売る」のが株式投資の基本ですが、これが本当に難しいもの。頭で理解していても、値が上がり切ってしまった株を買ってしまいがちです。購入前にもう一度、再確認しましょう。

コレがわかる！

- 購入時より高い値段で売ると儲けが出る。
- 会社に利益が出ると配当金が配られる。
- 会社の利益が少なければ配当金も少ない。

会社の利益で儲ける「配当金」

会社が利益を出したとき、株主にお礼の意味で利益を還元するものが配当金で、これも株の儲けとなります。配当金は、**権利確定日**（➡P53）という指定された日に株を保有していることで受け取れます。権利確定日は会社によって違いますが、支払い日は株主総会翌日であることが多いようです。

会社の利益を配当金として配るまでには、下図のような流れがあります。入ったお金から人件費、仕入れ代金など必要経費を除き、残ったお金は次の利益につなげるための設備投資や将来にそなえての内部留保などに使います。そして**最終的に残ったお金が配当金となります**。同じ会社でも、年ごとの利益によって配当金がない、または少ないこともあります。

配当金のしくみ

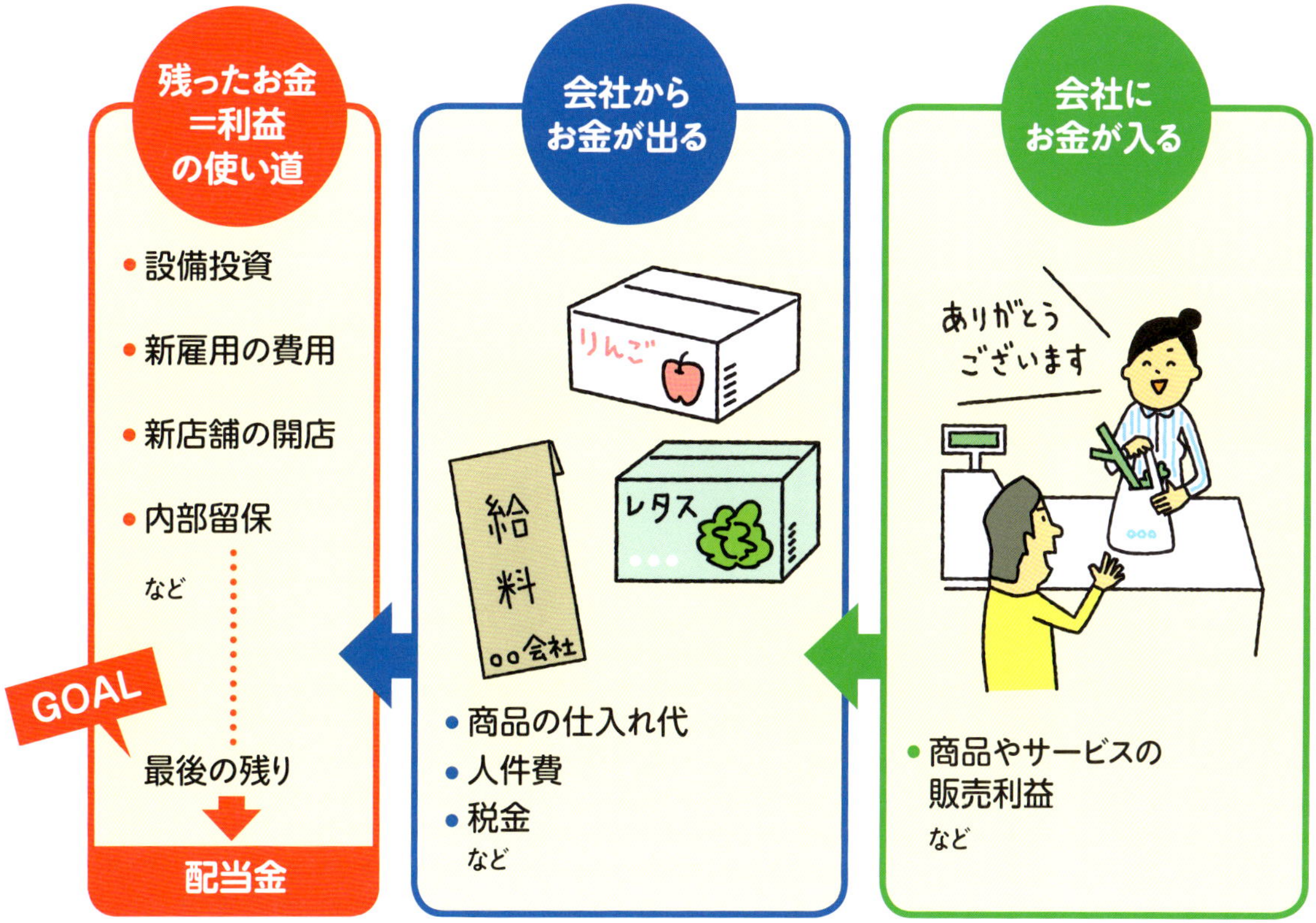
会社にお金が入る
ありがとうございます
• 商品やサービスの販売利益
など
会社からお金が出る
りんご
レタス
給料
○○会社
• 商品の仕入れ代
• 人件費
• 税金
など
残ったお金＝利益の使い道
• 設備投資
• 新雇用の費用
• 新店舗の開店
• 内部留保
など
GOAL
最後の残り
配当金

株取引がうまくいく人とは？

株取引に成功する人の特徴は？

株で成功するためにまず**大切なことは、はっきりとした目的や目標があること。**投資額がいくらで、何のためにどれくらい儲けたいのかなどが、はっきりしている人と、していない人とでは儲けに差が出ます。

基本的な知識を持つ（➡Part2）、**手数料が安いネット証券会社を利用している**（➡P44）、**情報収集を怠らない**（➡P104）**なども欠かせない条件です。**

下記を参考にして、どのような行動をとれば成功するか、コツをつかみましょう。

成功している人

これはしない！

- 持っているお金のすべてを投資につぎこまない。
- 株価チャート（➡P80）の変動に重きを置かない。
- 「なんとなく儲かりそう」というフィーリングだけで投資をしない。
- 人から聞いた情報をうのみにして投資をしない。
- 明らかに割高な株には投資をしない。

これをする！

- 買う前に投資先のことを丹念に調べ、よくわからない会社には投資しない。
- 持っている資金のすべてを投資せず、心と資金に余裕を持つ。
- 株価の変動に一喜一憂せずどっしりと構える。
- 投資先として間違いに気づいたら、その時点ですっぱりと全部売り切る。
- できるだけ安い株価で買う、手数料を各社比較してチェックするなどの努力を行う。

コレがわかる！

- ✓ 株で成功する人は情報収集をきっちり行う。
- ✓ 株価の変動に振り回されず、冷静に判断。
- ✓ 損を出してしまったらその株は潔く売る。

株失敗の危険性は下げられる

株は、失敗につながる危険性があります。たとえば、株価が下がる、会社が倒産し株価が紙くずになる、株を売りたくとも欲しい投資家がいなくて売れないなどの危険性です。

初心者は、事前にこれらが起こりうるリスクを考え、対策しておくことをおすすめします。

一番の対策は、株を購入する以前に投資先の会社を自分でよく調べておくこと。マネー雑誌などに「今の注目株！」などと掲載されていても、私たちがその雑誌を見るころにはすでに株価は上がりきっている可能性もあります。そのため、**改めて自分でデータを確認する**必要が出てくるのです。

また、**投資先の分散、回数の分散**などでも危険性を減らせます。

これを守れば危険性が下がる！

情報 information

- 情報収集をしっかり行う。そして仕入れた情報を精査する。
- 株価チャート（➡P80）は絶対的だと思い込まず、動きばかりに注目しない。

感情 feeling

- 「ピンときた」、「なんとなくこれかな」と直感やイメージだけで株を選ばない。
- 株価の変動を見て「上がった！」「下がった…」と一喜一憂しない。

資金 money

- 株購入用に用意した資金以外のお金は使わない。
- 資金に対する計画性を立て、目標や目的をはっきりさせてから購入する

情報・感情・資金。
この3つが、初心者が
株を買う際にリスクを生むよ。
どんな行動をすれば
危険性を下げられるか
チェックしよう！

今世紀でもっとも偉大な投資家

賢人に学ぶ投資術 1

ウォーレン・バフェット

PROFILE 1930年生。世界的に有名なアメリカの投資家。11歳で初めて株を購入。ベンジャミン・グレアム（➡P110）に投資法を学び、独特の投資哲学で、投資持株会社の経営者として莫大な資産を築きました。その考え方は多くの投資家たちの手本となっています。

トラブルから抜け出すよりも、トラブルを避ける方がかんたん。私は高さ2メートルのバーを越えようとは思いません。まわりを見渡して、またぎ越せる30センチのバーを探します。

リスクのある株には近づかない

失敗するのはリスクの高いものに手を出すため。失敗を少なくするには、はじめからリスクの低いものを選べばよいという名言です。

信頼できるもの、そして10年、20年、50年経ってもみんなが欲しいと思うものをつくっていける事業なのか。これらが、私が投資判断するうえでの基準であります。それについて、見方はまったく変わっていません。

長期間持ち続けたい株を買う

長期投資が基本だと伝える名言。何十年先でも好業績だと予想でき、株を持ち続けたいと思える企業を選択することが大切です。

株価やマーケットの動向を、毎日、毎週、毎月追うことで、投資が成功するとは、私は考えていません。株は、そのビジネスの一部でしかないからです。注目すべきは、株価ではなく、事業そのものでなくてはなりません。

株価ではなくビジネスに注目する

目先の株価にふり回されることなく、企業の事業内容を理解し、その動きに注目していくのが本来の投資。そこから投資の成功も生まれてきます。

私の仕事とは、大きな安全域の中で、「企業の内在的な価値」と、市場価格の差を利用して利益を得ること。これに尽きます。

割安（➡P112）かどうかを見極める

利益を得るには、リスクが大きい代わりにリターンも大きい企業を探すのではなく、企業が内に秘めている価値よりも現在の株価が低いかどうかを見極め、そこに投資することが大切になります。

Part 2

さっそく挑戦！
株取引の5Step

証券会社の選び方、口座のつくり方、そして株の売買の方法。
ここでは、株取引の流れをマンガとともに紹介します。
株取引は、コツさえわかればとってもかんたん。
さっそくはじめてみましょう。

やってはいけない取引を知っておこう

不正取引に注意しよう

株取引を行う際、やってはいけない**不正行為**があります。お金が絡むことなので「知らなかった」では許されず、刑罰の対象になることもあるので、事前に理解しておきましょう。

株取引における主な不正行為には、**インサイダー取引**、**株価操縦**、**仮装売買**などがあります。それらは金融商品取引法に基づき、金融庁に属する「**証券取引等監視委員会**」という機関が、主に取り締まっています。

不正行為が発覚した場合は、その取引で得た財産（投資額＋取引利益）はすべて没収されます。

NG インサイダー取引

株取引は情報戦でもあります。まだ世の中に出ていない、重要な会社内部の情報を使って、利益を得ようとする違法行為をインサイダー取引といいます。

うちの会社、今期の調子がいいから買っとこう
〇〇会社

自分が勤める会社の公式決算発表前に、業績が前年度よりもよいことを知っていたとします。その場合、決算発表前に株取引を行うと、インサイダー取引になります。

じゃあ株を買おうかな！
今、うちの会社調子いいんだよ

自分が勤める会社の株は自由に取引することができません。また親、親戚、友人間であっても、会社の重要事実情報を聞いたり、伝えたりして取引してはいけません。

1か月前に会社やめたし
いいよね

会社を退職してから1年間は、会社の情報を知りうる立場と見なされます。在職中に知った重要事実をもとに売買すれば、インサイダー取引にあたります。

株価操縦

株価を人為的に操作して利益を得ようとする行為は、すべて違反になります。株価操作には仮装売買《かそうばいばい》、なれ合い売買、見《み》せ玉《ぎょく》などの方法があります。

ひとりで
売買！
売り注文
買い注文

仮《か》装《そう》売《ばい》買《ばい》

同一人物がひとつの株に対して注文を頻繁に行い、あたかも売買が活発にされているかのように、故意に誤解を与える行為。

お！ 人気に
なってきたぞー
ヒヒヒヒ……
買い注文
売り注文
取消

見《み》せ玉《ぎょく》

見《み》せ板《いた》ともいわれ、実際には取引する意思がないのに、大量に注文を出したり、それを取り消したりして、人気があるように見せかける行為。

売り注文
もしもし?
今売り注文出したから
よろしくー
ハイヨー

なれ合い売買

ひとりで行う仮装売買に対し、なれ合い売買は、知り合い同士が相談したうえで、ひとつの株が活発に売買されているように見せかける行為。

ぜーんぶ嘘！
ウソ
A社は
倒産間近！
売るなら今!!
ケケケケ
ウソ
B社は
新商品で
株価上昇
カタ
カタ
カタ
カタ

風《ふう》説《せつ》の流《る》布《ふ》

インターネットの掲示板やブログ、チャット、SNSなど人の目につく場所で、株価に影響するようなウソの情報やうわさを故意に流す違反行為。

株取引の流れを知ろう

5つのStepで取引しよう

株取引のおおまかな概要がわかったら、いよいよ次は実戦です。はじめに取引の流れを順に見ていきましょう。

Step1は、証券会社選び。ネット証券は手数料やサービスで比べます。Step2で口座を開設。書類を取り寄せて必要事項を記入し、郵送するだけでかんたんに口座が開けます。その口座へ入金し、Step3ではいろいろな角度から投資先を検討します。そしてStep4で、その株を買ってみましょう。最後のStep5で、買うよりも難しいといわれる「売り」に挑戦します。

株取引の5つのStep

いっしょに見ていこう!
株歴8年
かぶ男さん
株初心者
かぶ子さん

Step 1

証券会社を選ぼう（➡P42）

株取引はネットが主流。ネット証券会社選びのポイントは信頼がおけるか、手数料は安いか、サービスは充実しているかの3つです。

注目!

「オススメネット証券会社リスト」（➡P44）、「証券会社はココで選ぶ!」（➡P46）もチェック!

Step 2

口座をつくろう（➡P48）

インターネット、電話から資料を請求。必要事項を記入して手続きを済ませ、口座を開いたら入金します。

Part
2

注目!

「株主優待をココで選ぶ」
（➡P54）もチェック!

Step
3

投資先を探そう（➡P50）

投資先の見つけ方は、身近な会社で探す、マスコミのオススメで探す、証券会社サイトで条件を絞って探すなどがあります。

Step
4

株を買おう（➡P58）

株購入にはルールがあります。そのルールに従い、株数などを間違わないよう注文画面に入力します。

Step
5

株を売ろう（➡P66）

株は売りどきが肝心。取引状況をしっかりととらえ、自分なりのルールを決めて売る判断をしましょう。

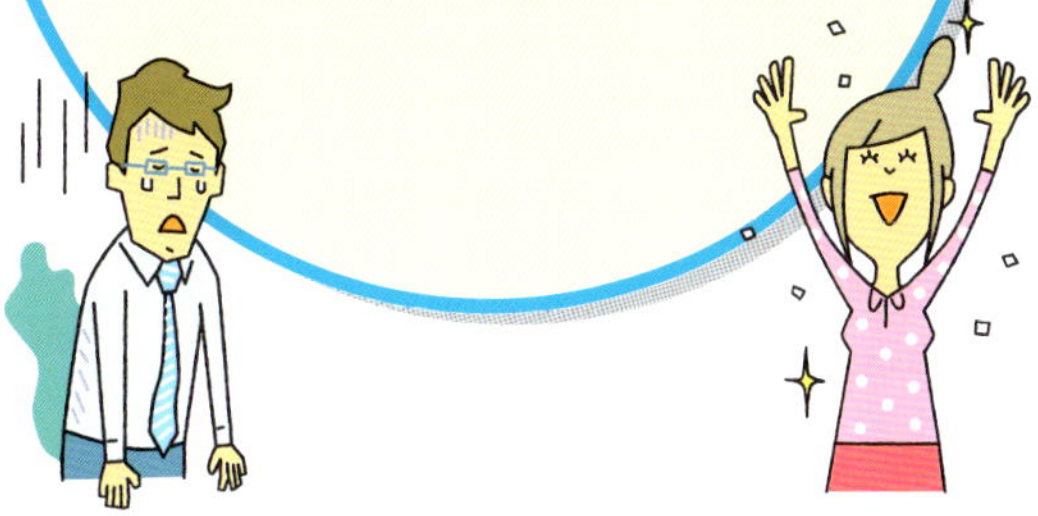

注目!

「便利な逆指値注文」
（➡P70）もチェック!

Step 1 証券会社を選ぼう

インターネット取引がダンゼン便利！

株取引は、証券会社を選ぶことからはじめましょう。

以前は、窓口を持ち対面販売をする店舗を中心とした証券会社が主流でした。担当者にいろいろな相談にのってほしいという人は、店舗型が安心な面もあります。

ただし、**自宅などでかんたん・スピーディーにできてしまうネット★証券がダンゼンおすすめ**。今ではこちらが主流となっています。最大の魅力は手数料の安さ。また、リアルタイムの株価情報、分析ツールなどの情報も豊富で、とても便利です。

ネットなら安くてかんたん！
1
株をはじめたいけど全然わからないし…
う～ん…
店頭で聞けばいいのかな？
2
もちろんそれもいいけどネット証券がオススメ！安くて情報もたくさん！
ネット取引
今は主流だよ
へ～
3
メリット
手数料が安い
リアルタイムに値動きがわかる
24時間見れる
すぐに注文ができる
Pc
4
かんたんだからって買いすぎには注意してね
ちょっちょっ!!
あれも買っちゃお
これも買おう
かんた～ん
Pc

コレがわかる！

- 信頼できる証券会社を選ぶ。
- 手数料の安い証券会社を選ぶ。
- 充実したサービスの証券会社を選ぶ。

株 コツ

積極的に証券会社に登録しよう

自分に合った証券会社を見つけるには、実際に使ってみないとわからないものです。ネット証券の口座開設料や口座管理料などは無料なので、まずは積極的に登録してみることをおすすめします。

証券会社を選ぶ 3つのポイント

大切な資産を託す証券会社は、慎重に選びたいものです。

証券会社選びのポイントは次の3つ。①信頼はおけるか、②手数料は安いか、③サービスは充実しているかです。

①の信頼できるネット証券★については、現在、投資家の間で多く支持されている「5大ネット証券」を参考にしてみてください（⬇下記）。多くの人がこれらの会社を利用するということは、選ばれる理由が必ずあるはずです。

②の手数料は、ネット証券の場合は店舗型の会社と比べると、大幅に割安。確実にかかるコストなので、なるべく抑えたい項目です。

③のサービスは日本株以外の金融商品も充実しているところがおすすめです。

① 信頼はおけるか

（➡P44）

投資家に多く支持されている5大ネット証券は、マネックス証券、SBI証券、楽天証券、カブドットコム証券、松井証券の5社。業界を牽引する大きな証券会社なので信頼性は高いです。開設口座数の多い会社ほど、安心度は高いといえるでしょう。

② 手数料は安いか

（➡P44）

株取引で得をしたいと思っているのに、売買手数料が割高だと意味がありません。手数料は、売買する金額や証券会社によって差があるので見比べてみましょう。取引回数の少ない人向け、多い人向けのサービス、一定期間無料サービスなどがあります。

③ サービスは充実しているか

（➡P44）

株は日本株以外にも、中国やアメリカ株など外国株があります。ほかに投資信託、FX、社債、国債などの金融商品ラインナップの充実、また会社によって初心者へのサポートサービス、ポイントサービス、少額投資を扱うなど各種サービスがあります。

用語Check!

★**ネット証券**（ねっとしょうけん）

インターネットを使い、株の注文を受け付けている証券会社。パソコンだけではなく、携帯電話、スマートフォンなどからも株取引を行うことができます。

オススメ！ネット証券会社リスト

数あるネット証券会社の中から、人気のネット証券会社をご紹介。手数料や取り扱い商品、特徴などを比べて見てみましょう。

まずは、5大ネット証券
（➡P43）から紹介。
どの証券会社も手数料が
安いだけじゃなく
オリジナルのサービスなども
用意してるね

楽天証券

日本初オンライン証券会社

サービス充実、人気の楽天グループ

投資情報とツールの充実、投資信託や海外投資にも強い、手数料の安さと3拍子がそろう。サイトのカテゴリー分けがしっかりしているので、初心者にもわかりやすい。

●手数料（税込）

10万円まで	150円/1約定
20万円まで	199円/1約定
50万円まで	368円/1約定
100万円まで	657円/1約定

※「ワンショットコース」の手数料

●日本株以外の取扱い商品

国債　外国債　外国株　投資信託　FX　先物取引

●スマホ・携帯対応

iPhone ○　Andoroid ○　ezweb ○
iモード ○　Yahooケータイ ○

松井証券

大正7年創業の老舗

他にはない個性的なサービスが魅力

老舗でありながら新サービス、新商品を次々と生み出す意欲的な会社。1日の約定代金の合計が10万円以下なら手数料ゼロ。1日の取引数によって手数料が変わる「ボックスレート」を適用。

●手数料（税込）

10万円まで	無料
30万円まで	324円
50万円まで	540円
100万円まで	1080円

※1日の約定代金合計の手数料

●日本株以外の取扱い商品

国債　外国債　外国株　投資信託　FX　先物取引

●スマホ・携帯対応

iPhone ○　Andoroid ○　ezweb ○
iモード ○　Yahooケータイ ○

SBI証券

ネット証券最大手

業界屈指の格安手数料と豊富な品揃え

口座開設数約250万口以上を誇る最大手。さまざまなサービス充実度をはかるオリコン顧客満足度ランキング、ネット証券総合部門8年連続第一位を獲得。手数料体系は2種類。

●手数料（税込）

10万円まで	150円/1約定
20万円まで	199円/1約定
50万円まで	293円/1約定
100万円まで	525円/1約定

※スタンダードプランの手数料

●日本株以外の取扱い商品

国債　外国債　外国株　投資信託　FX　先物取引

●スマホ・携帯対応

iPhone ○　Andoroid ○　ezweb ○
iモード ○　Yahooケータイ ○

マネックス証券

情報量の多さで勝負

サイトの使いやすさもバッチリ

オリジナルサービス「マネックスシグナル」「みまもるくん（信用取引自動決済発注サービス）」が特長的。株式投資の一助に。また、業界では珍しい未成年の口座開設を受け付けている。

●手数料（税込）

10万円まで	108円/1約定
20万円まで	194円/1約定
30万円まで	270円/1約定
40万円まで	378円/1約定

●日本株以外の取扱い商品

国債　外国債　外国株　投資信託　FX　先物取引

●スマホ・携帯対応

iPhone ○　Andoroid ○　ezweb ○
iモード ○　Yahooケータイ ○

カブドットコム証券

FXもサービスを強化

メガバンク系列で安心、低コスト

三菱UFJフィナンシャル・グループのネット証券会社。株式・投信などのほか、2012年12月に開始した店頭FX「シストレFX」では全自動取引（システムトレード）できるのが好評。

●手数料（税込）

5万円	145円/1約定
15万円	243円/1約定
25万円	340円/1約定
55万円	631円/1約定

●日本株以外の取扱い商品

国債　外国債　外国株　投資信託　FX　先物取引

●スマホ・携帯対応

iPhone ○　Andoroid ○　ezweb ○
iモード ○　Yahooケータイ ○

※2015年4月現在

ライブスター証券

100円を切る手数料

コスト重視派にオススメ！

手数料無料キャンペーンを積極的に行っているうえに、通常手数料も業界最安値水準。手数料の安さで選ぶならここ。高機能取引ツール「ライブスターR」ほか、豊富な情報量も魅力。

●手数料（税込）

10万円まで	86円/1約定
20万円まで	104円/1約定
50万円まで	194円/1約定
100万円まで	367円/1約定

●スマホ・携帯対応

iPhone ○ Andoroid ○ ezweb ○
iモード ○ Yahooケータイ ○

●日本株以外の取扱い商品

国債 外国債 外国株 投資信託 FX 先物取引

内藤証券

中国株のエキスパート

香港と深セン、上海市場も扱う

日本株と中国株を多く扱う。特に中国株関連サービスに強く、中国株の情報や、手数料の安さでは定評がある。日本株取引の手数料は1約定ごと、1日定額コースがある。

●手数料（税込）

10万円まで	180円/1約定
50万円まで	411円/1約定
100万円まで	740円/1約定
150万円まで	1029円/1約定

※1約定ごとプラン

●スマホ・携帯対応

iPhone ○ Andoroid ○ ezweb ○
iモード ○ Yahooケータイ ○

●日本株以外の取扱い商品

国債 外国債 外国株 投資信託 FX 先物取引

エイチ・エス証券

モバイル派はスマ株で

店舗、コールセンター取引も！

スマホなどモバイルからの取引に力を入れている。操作、注文がかんたんなアプリ「スマ株」は、株以外のコンテンツも豊富で人気上昇中。初心者にはコールセンター取引もおすすめ。

●手数料（税込）

10万円まで	144円/1約定
20万円まで	193円/1約定
30万円まで	366円/1約定
50万円まで	617円/1約定

※一般コースの手数料

●スマホ・携帯対応

iPhone ○ Andoroid ○ ezweb ○
iモード ○ Yahooケータイ ○

●日本株以外の取扱い商品

国債 外国債 外国株 投資信託 FX 先物取引

GMOクリック証券

少額取引の手数料が安い

多種類の株取引用ツールがそろう

iPhone・Androidアプリが好評。スマートフォンの特性を生かしたスムーズな操作性とPCに引けをとらない機能を備える。PC用取引ツール「スーパーはっちゅう君」も使いやすいと評判！

●手数料（税込）

20万円まで	105円/1約定
50万円まで	260円/1約定
100万円まで	470円/1約定
150万円まで	570円/1約定

※1約定ごとプランの手数料

●スマホ・携帯対応

iPhone ○ Andoroid ○ ezweb ○
iモード ○ Yahooケータイ ○

●日本株以外の取扱い商品

国債 外国債 外国株 投資信託 FX 先物取引

むさし証券トレジャーネット

信用取引にも力を入れる

300万円までの手数料が安い！

株式の手数料は現物取引、信用取引とも同じでわかりやすい。50万円という比較的大口の手数料が割安、信用取引の金利が驚く程低いことも大きな特徴。

●手数料（税込）

50万円まで	237円/1約定
300万円まで	475円/1約定
600万円まで	950円/1約定
900万円まで	1425円/1約定

※「トレジャースタンダード」の手数料

●スマホ・携帯対応

iPhone ○ Andoroid ○ ezweb ○
iモード ○ Yahooケータイ ○

●日本株以外の取扱い商品

国債 外国債 外国株 投資信託 FX 先物取引

岡三オンライン証券

証券の「プロ」がつくりあげた

手数料も106円からと激安！

大正12年創業の岡三証券グループのネット証券会社。日本株、FX、先物で専用スマホアプリを無料で提供している。手数料の安さとツールの使いやすさで、多くの投資家に好評。

●手数料（税込）

10万円まで	106円/1約定
20万円まで	216円/1約定
50万円まで	378円/1約定
100万円まで	648円/1約定

※現物取引ワンショットの手数料

●スマホ・携帯対応

iPhone ○ Andoroid ○ ezweb ○
iモード ○ Yahooケータイ ○

●日本株以外の取扱い商品

国債 外国債 外国株 投資信託 FX 先物取引

証券会社はココで選ぶ！

証券会社選びの第一条件は、やはり手数料の安さ。情報サービス、金融商品サービスの充実度や投資スタイルを選べることも重要です。

手数料で選ぶ

オススメ！

1. ライブスター証券

1約定ごとの手数料は、10万円まで86円、20万円～100万円以下までも最安値。

2. 松井証券

通常の現物取引と、信用取引の1日の取引の合計が10万円までなら手数料が無料。

3. 岡三オンライン証券

ライブスター証券に続く安値。10万円まで99円、20万円まで150円。

取引数・取引額で「おトク」さが変わる

手数料の値下げ競争は激化し、ある条件で無料をうたう証券会社も増えています。取引の回数や金額によって割引率は変わるので、自分の取引スタイルを検討しましょう。

情報サービスで選ぶ

オススメ！

1. マネックス証券

新サービス、日本株の投資判断を日々配信する「マネックスシグナル」が好評。

2. SBI証券

スクリーニング（銘柄条件検索）が充実。銘柄探しの絞り込みに役立つ。

3. 楽天証券

自社ツール「マーケットスピード」でリアルタイム株価、ニュースなどを発信。

独自ツールやニュースの提供をチェック！

パソコン、モバイルの両方で各社独自の情報提供ツールを開発しています。その中には口座を開けば無料で利用できるものが多くあります。見やすく、扱いやすいツールが人気。

少額投資で選ぶ

オススメ！

1. カブドットコム証券

ミニ株（➡P61）よりも少ない注文ができる、プチ株サービスがある。

2. SBI証券

1株から購入できる商品、S株は1日2回取引ができ、分散投資にも使いやすい。

3. マネックス証券

1株から購入できる商品、ワン株なら高くて手が出なかった銘柄でも買える。

少額から株の購入をしたい人にうってつけ！

株購入の際は、単元株数（➡P59）があり基本的にまとめ買いですが、少数、少額からのサービスを扱う会社もあります。まずは試してみたい、少しずつ買いたい人におすすめ。

金融商品で選ぶ

オススメ！

1. 楽天証券

多彩な商品ラインナップなら楽天。外国為替の商品、カバードワラントなども。

2. SBI証券

投資信託、債券、FX、CFD（差金決済取引）、カバードワラント、保険など。

3. マネックス証券

申し込み手数料なし、少額の1,000円からの投資信託サービスがある。

株以外の資産運用も考えている人に！

金融商品は日本株以外にもさまざまあります。投資信託、社債、国債、FX（外国為替証拠取引）など、証券会社によって幅広く扱う会社とそうではない会社があります。

Step 2 口座をつくろう

書類の郵送で口座がつくれる

取引をはじめるには、自分が選んだネット証券に口座を開設する必要があります。銀行に預金するのと似たイメージです。

まずはインターネットや電話から必要書類を取り寄せましょう。2～3日後に資料が届いたら、個人情報や暗証番号を記入します。

あとは免許証など本人確認書類を添え、証券会社へ返送。1週間ほどで口座開設のお知らせが届きます。**口座への入金はインターネット、銀行やATMなどから行うことができます。**入金できれば、すぐに取引をはじめられます。

○○を忘れない!

1
書いて
送る
2
数日後・・・
座口完了
わーいできたー
かんたーーん
さっそく取引だ!
3
食品業かなー機械業かなー
ウキウキ
金額にもよるよね
Pc
ちなみに何円くらい入金したの?
4
あ……
入金忘れてた……
Pc
入金しないと株取引はできないよ

コレがわかる!

- インターネット、電話から資料を請求する。
- 書類の「特定口座」「源泉徴収あり」に○を。
- 口座開設のお知らせ書類は大切に保管する。

株コツ

証券会社を使い分ける

前のページで紹介したように、証券会社はそれぞれにメリットがあります。「情報」「手数料」「取引ツール」などそれぞれに長けた複数の口座を使うのも賢い選択のひとつです。

口座開設の流れを見てみよう

※楽天証券の場合

1 ホームページ上にある取引口座申込書を記入する

各証券会社には、ホームページ上に口座作成のためのページがあります。楽天証券の場合、ホームページ上で、右のような取引口座申込書を入力します。

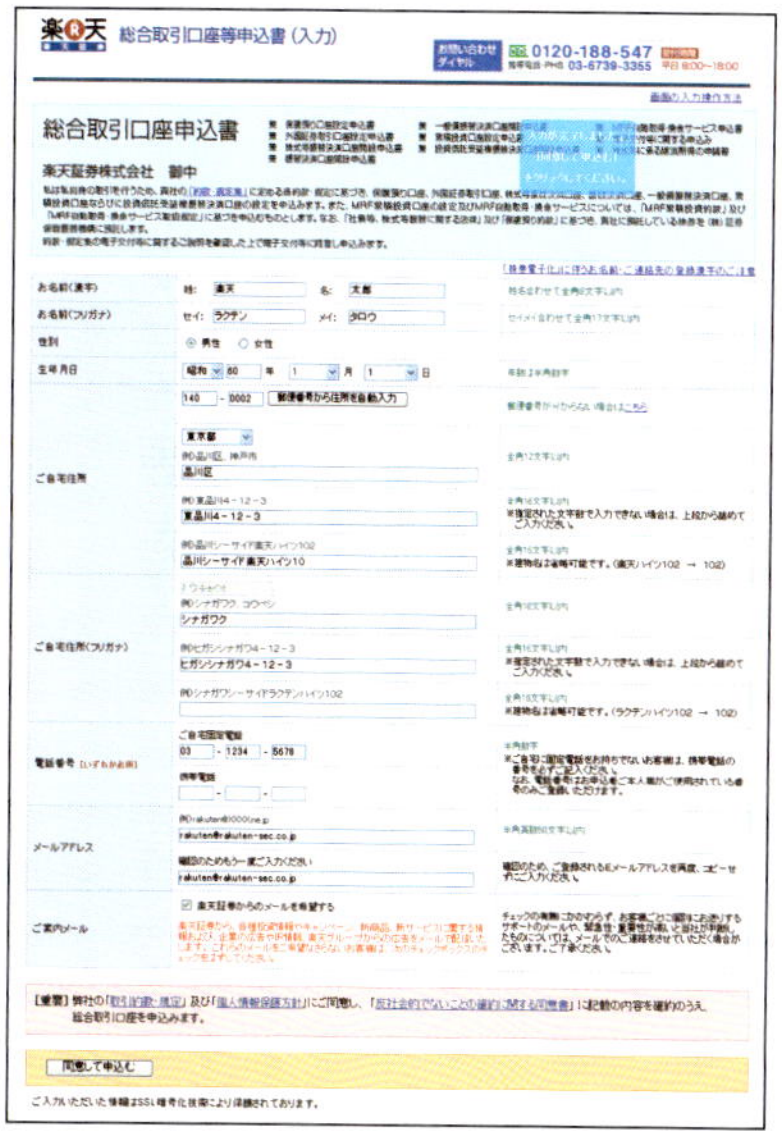
総合取引口座申込書

楽天証券株式会社 御中

名前、生年月日、住所といった必要事項を記入します。

2 口座開設資料が届く

ホームページ上で指定した住所に、口座開設のための資料が届きます。

だいたい
2〜3日くらいで
送られてくる
ことが多いよ

3 書類を記入し、本人確認用書類とともに返送する

書類の掲載事項を確認し、必要事項を記入して証券会社に返送します。「特定口座を開設するか」「本人確認用書類はそえてあるか」の2点が重要となります。

用意した本人確認用書類に丸をつけます。

特定口座を開設するか選びます。源泉徴収あり特定口座を開設すると、確定申告が免除されます（➡P149）。

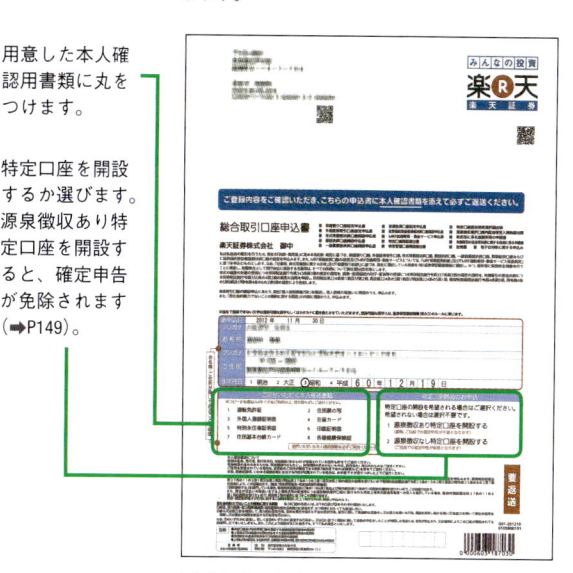

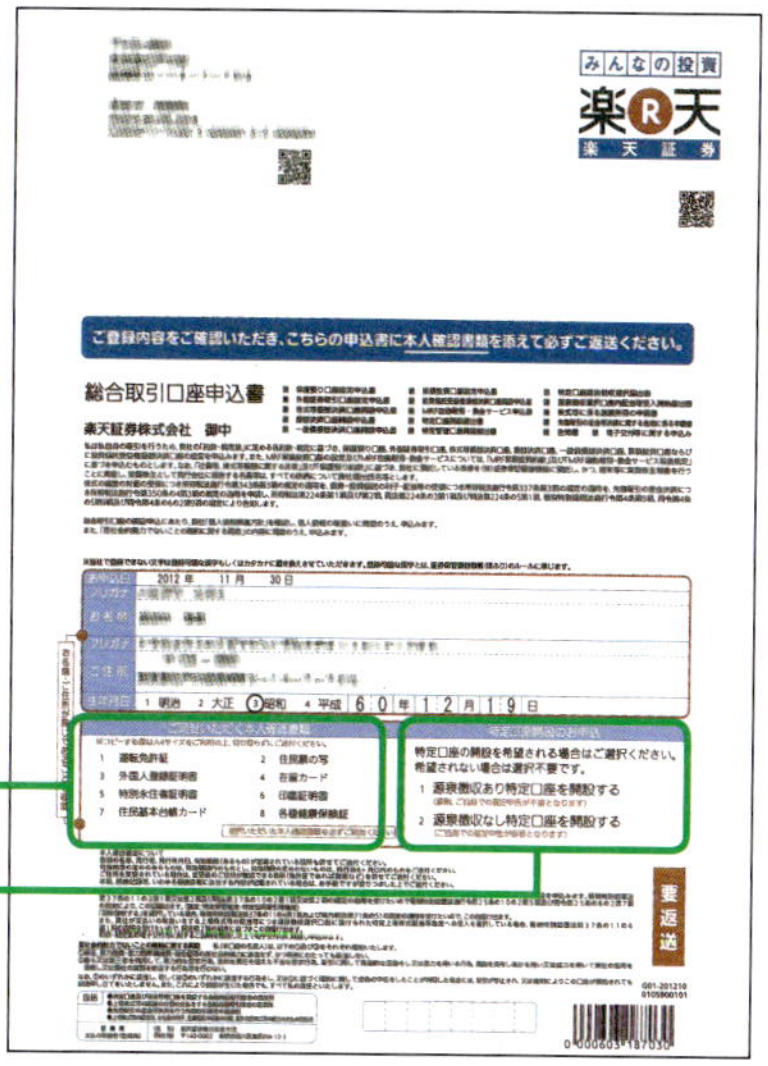
ご登録内容をご確認いただき、こちらの申込書に本人確認書類を添えて必ずご返送ください。

総合取引口座申込書

楽天証券株式会社 御中

記載事項に間違いがないか、確認をしてから送ります。本人確認用書類も忘れずに。

Step 3

投資先を探そう

段階別に投資先を探そう

口座を開いて入金したら、どこの株を取引するのか、投資先を選びましょう。

最初はカンで選ぶのもよいですが、それだけでは安定的な利益は得られません。投資先選びのポイントはいろいろありますが、初心者はまずは慣れるために経験が必要です。**最初はよく知っている身近な企業の中から探してみるとよいでしょう。**

次にマスコミが推している会社、その次に条件をつけて絞り込むなど、段階を経て選び方をレベルアップさせていきましょう。

身近な取引先を探そう

1
身近な所に投資先がかくれているよ
携帯メーカー
鉄道会社
○○スーパー
服のブランド
小売会社
へー
2
まずはこんな感じで身近な会社の株をチェックしてみよう
なるほどねー
ゴクゴク
PC
3
おぉ！
この新商品すごくおいしい！
ビクッ
ガタッ
PC
4
よーし！この会社の株をチェック！
大ヒットの予感！
そういう探し方もアリだね…

コレがわかる！

- 証券会社の口座に入金したら投資先を選ぶ。
- 投資先選びは生活の中にヒントがある。
- マスコミ情報、条件絞り込み検索方法も。

株コツ　まずは投資に慣れる！

株式市場に上場している会社は、名前も聞いたことがないような会社も多いです。そのため、初心者のうちから、儲かる株に出合うのは難しいもの。まずは、投資に慣れることからはじめましょう。

投資先の探し方

身近な会社で探す

自分の生活に密着した、社名や業種を知っている会社だと買いやすいでしょう。しかし今後も成長するかどうかを検討してください。

レベルアップ

マスコミのオススメから探す

証券アナリスト（分析家）や株式評論家などのプロが、マネー雑誌などマスコミを通して推奨している株式情報を参考にする方法です。

レベルアップ

条件を絞って探す

証券会社のサイト内にあるスクリーニング（銘柄条件検索➡P75）を使い、株価や業界などを入力して絞り込む方法です。

株主優待や配当金で会社を探す

会社選びのステップアップの次は、株主優待や配当金を基準にして投資先を探す方法です。

株主は株を購入したお礼として会社の業績に応じて配当金を受け取れます。他にも、**自社製品や商品券などプレゼントをもらえる株主優待をを行っている会社もある**ことはP27で説明しました。

株主優待はP54以降でさらに詳しくふれますが、値上がり益同様、株選びの際の重要なポイントです。配当金と株主優待は、似ている点もありますが、それぞれ特徴があるので、その違いを理解したうえで、投資先選びに活かしましょう。

はじめたばかりで値上がり益を得ることはなかなか難しいので、優待や配当でちょっとおトクな気分を味わうだけでも株を楽しむことができるでしょう。

株主優待と配当金を比べる

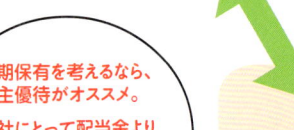

似ているところ

- 優待と配当金の権利を得られる日、権利確定日（➡P53）が同日になることが多い。
- 配当金の金額や株主優待の内容が、会社の業績の変動により変わることがある。
- 配当金、株主優待ともに課税の対象。

違うところ

- 配当金は保有株数に比例するが、株主優待は比例しないことが多い。大株主にはメリットが少ない。
- 配当金では税金が前もって源泉徴収される（2014年より約20％に変更）。
- 上場会社の中で、株主優待制度を行っている会社は約4分の1。配当金を出す会社のほうが多い。

長期保有を考えるなら、株主優待がオススメ。
会社にとって配当金より負担が少ないため、その分今後の成長にお金が使われるしね

株主優待や配当金の権利が決まる日は？

配当金や株主優待を受けるには、注意点があります。それは、株を購入しただけではその権利が確定していないということ。**権利が確定するのは「権利確定日」といわれる、株主として名簿に記載される日**です。つまり、この日に株を保有しているか、いないかだけで決まるのです。

また、もうひとつの注意点があります。それは、**株主として名簿に記載されるまでに、株購入後3営業日の期間がかかる**ことです。きちんと権利を受け取るためには、逆算して、権利がもらえる最終日（**権利付き最終日**）までに購入しておく必要があります。

そして、翌日の**株を購入してもその年の権利はもらえなくなる日を「権利落ち日」**といいます。

権利確定日カレンダー

3営業日前
休日をはさまない場合
25日（金）
26日（土） 非営業日
27日（日） 非営業日
28日（月） 権利付き最終日
29日（火） 権利落ち日
30日（水）
31日（木） 権利確定日
この日までに株を買う
この日に売っても権利はもらえる
3営業日前
休日をはさむ場合
25日（火）
26日（水） 権利付き最終日
27日（木） 権利落ち日
28日（金）
29日（土） 非営業日
30日（日） 非営業日
31日（月） 権利確定日
この日までに株を買う
この日に売っても権利はもらえる

株主優待をココで選ぶ！

配当金も魅力的ですが、株主優待も自分の生活に役立つものであれば現金と同じ。株主優待の選び方を探ってみましょう。

ジャンルで選ぶ

オススメ！

キユーピー

3年以上保有でマヨネーズやドレッシングなど「1,000円相当の自社製品」がもらえる。

- ●コード：2809
- ●市場：東証一部
- ●株価：3,460円
- ●必要株数：100株〜

フレンテ

湖池屋のポテトチップスをはじめとして「1,000円相当の自社商品」が年2回もらえる。

- ●コード：2226
- ●市場：東証JASDAQ スタンダード
- ●株価：3,060円
- ●必要株数：100株〜

伊藤園（第1種優先株式）

茶系・野菜飲料など「1,500円相当の自社商品」と優待割引価格で買えるパンフレットを送付。

- ●コード：25935
- ●市場：東証一部
- ●株価：2,012円
- ●必要株数：100株〜

オススメ！

イオン

全国のイオンでキャッシュバック（3％〜）が受けられる「オーナーズカード」がもらえる。

- ●コード：8267
- ●市場：東証一部
- ●株価：1,424円
- ●必要株数：100株〜

くらコーポレーション

所有株数に応じて「無添くら寿司」で使える「食事券」がもらえる（例：100株は2,500円分）。

- ●コード：2695
- ●市場：東証一部
- ●株価：4,770円
- ●必要株数：100株〜

コロワイド

1万円相当の優待ポイント付カード。居酒屋・レストランで使用の他、優待商品と引換も可能。

- ●コード：7616
- ●市場：東証一部
- ●株価：1,658円
- ●必要株数：500株〜

食品は定番の優待内容もさまざま！

優待の中でもいちばん人気が高いのは食品業界。食品や飲料メーカーの優待は、調味料やお菓子のセット、お茶、果物、肉など日常に役立つものばかり。

よく行くお店も金券でおトクに！

日ごろよく使うお店の株主になると、食事券や金券が出るのでおトク感を実感できます。オーナーズカードの発行による返金優待制度などもあります。

※2015年4月8日現在

オススメ!

ライオン

オーラルケア用品、洗濯用洗剤など「自社製品詰め合わせ」がもらえる。

- ●コード：4912
- ●市場：東証一部
- ●株価：756円
- ●必要株数：1,000株〜

コクヨ

さまざまな文房具の入った「自社グループ商品3,000円」が年1回もらえる。

- ●コード：7984
- ●市場：東証一部
- ●株価：1,159円
- ●必要株数：500株〜

TOTO

食品や、そうじ道具、トイレットペーパーといった自社商品を含む「優待商品」から1つ選べる。

- ●コード：5332
- ●市場：東証一部
- ●株価：1,707円
- ●必要株数：1,000株〜

自社商品も多い日用品をゲット!

日用の生活消耗品は必需品。台所用品、家庭用洗剤、ノートなどの文具、タオルなどはぜひ手に入れたいと思う優待です。カタログで選べる企業もあります。

株主優待ゲットにはこんな方法も

もっと得したい！という人にとっておきの裏技を伝授しましょう。優待制度の多くは、株を2倍買えば優待も2倍になることはありません。

たとえば1株で1個、10株で5個というように、保有数と優待数は比例していないのです。

効率よく優待を受けるには、家族に口座を開いてもらい、1株ずつ買うこと。たとえば4人家族なら、家族分の口座をあと3つ開いて1株ずつ取引をすれば、優待はあと3個もらえるというわけです。

ただし口座作成の際は、家族間でも同意を得て、借名取引にならないように注意して取引してください。

金額で選ぶ

15万円以下のオススメ！

スターバックス コーヒージャパン

好きな商品を注文できるドリンク券が年1回、2枚からもらえる。

- ●コード：2712
- ●市場：東証JASDAQスタンダード
- ●株価：1,459円（3月20日）
- ●必要株数：100株～

ラウンドワン

クラブカード引換券2枚と、500円割引券4枚（500株以上で8枚）がもらえる。

- ●コード：4680
- ●市場：東証一部
- ●株価：653円
- ●必要株数：100株～

ゲオホールディングス

全国のゲオショップで、DVDやCDなどが常時全品半額でレンタルできる。

- ●コード：2681
- ●市場：東証一部
- ●株価：1,294円
- ●必要株数：100株～

優待のための金額は各企業で違う！

優待は、100株からもらえる企業もあれば、1,000株からしかもらえない会社もあります。各企業の単元株数によって1株の株価や優待が出る必要株数（最低投資額）が異なるので、比べてみましょう。

（※**単元株数➡P59**）

30万円程度のオススメ！

ANAホールディングス

ANA国内線全路線で利用できる「片道一区間50%割引優待券」がもらえる。

- ●コード：9202
- ●市場：東証一部
- ●株価：334.5円
- ●必要株数：1,000株～

日本マクドナルドホールディングス

バーガー、ドリンク、サイドメニューの3種類6枚つづりの「食事券1冊」。

- ●コード：2702
- ●市場：東証JASDAQスタンダード
- ●株価：2,650円
- ●必要株数：100株～

白洋舍

「クリーニング30%割引券」1枚。1,000株ごとに1枚増え、無料券も1枚つく。

- ●コード：9731
- ●市場：東証一部
- ●株価：258円
- ●必要株数：1,000株～

20万円以下のオススメ！

マルハニチロ

水産物の缶詰や海苔といった「自社商品の詰め合わせ」が年1回もらえる。

- ●コード：1333
- ●市場：東証一部
- ●株価：1,694円
- ●必要株数：1,000株～

キャンドゥ

キャンドゥで使える優待券（2,000円＋税）が年間1回もらえる。

- ●コード：2698
- ●市場：東証一部
- ●株価：1,595円
- ●必要株数：100株～

ワタミ

外食店舗や宅食等で使える「6,000円相当の優待券（1枚500円を12枚）」がもらえる。

- ●コード：7522
- ●市場：東証一部
- ●株価：1,184円
- ●必要株数：100株～

回数や量で選ぶ

量がおトクな オススメ!

ワイズテーブルコーポレーション

100株以上で自社レストランで使える5,000円相当の株主優待券が年2回。

- ●コード：2798
- ●市場：マザーズ
- ●株価：2,302円
- ●必要株数：100株～

第一興商

カラオケ「ビッグエコー」などで使える「5,000円分相当の優待券」が年2回。

- ●コード：7458
- ●市場：東証JASDAQ スタンダード
- ●株価：4,000円
- ●必要株数：100株～

ペッパーフードサービス

ペッパーランチで使える「2,500円相当の食事券(500円分×5枚)」が年2回。

- ●コード：3053
- ●市場：マザーズ
- ●株価：2,768円
- ●必要株数：100株～

年に2回以上もらえる株もある!

権利確定日は3月、9月など年2回になる企業もあり、その場合、物品や金券が年間2回もらえます。企業によっては年に4回も受け取れるところもあります。

長期保有で得する株主優待もある!

株を長期間保有することで、優待をバージョンアップしてくれる企業もあります。たとえばビックカメラの場合は、1年以上株を保有すると、通常もらえる年間3,000円分優待券のほかに1,000円分を、2年以上の保有で2,000円分プラス。おトク感がぐっとアップします。

年に2回以上ある オススメ!

コロワイド

1万円相当の優待ポイント付カードを年4回受け取れる。

- ●コード：7616
- ●市場：東証一部
- ●株価：1,658円
- ●必要株数：500株～

ベネッセホールディングス

自社商品が中心のカタログから年2回、1品ずつ好きなものを選べる。

- ●コード：9783
- ●市場：東証一部
- ●株価：3,745円
- ●必要株数：100株～

カゴメ

100株で1,000円、1,000株以上で3,000円相当の「自社商品詰め合わせ」年2回。

- ●コード：2811
- ●市場：東証一部、名証一部
- ●株価：1,903円
- ●必要株数：100株～

Step 4

株を買おう

買い注文は数字入力の確認を！

　自分が欲しい株が決まったら、いよいよ証券会社に注文を出します。証券会社で取引される企業の株など有価証券は**銘柄**と呼ばれ、会社ごとに割り振られた**証券コード**（⬇P62）がついています。その銘柄名か証券コードを入力し、注文画面を表示させます。

　気をつけなければならないのは①何株を②いくらで注文するのか、を入力するときです。このときに、単位をひと桁間違えると10倍の金額を払うことにもなりかねません。画面をよく見て、十分に確認しながら入力しましょう（⬇P65）。

情報を入力したら確認！

内容を入力したらちゃんと確認！
100株
ハイ!!
1
・何株買うか
・何円買うか
とくに上の2つはしっかり見直そう
2
株価100円で100株買うのに1000株と間違えたら9万円も余分に出ていくよ
ゾ
3
30分後――
ねえ、いつまで確認するの…？
あ、あと1回だけさせて！
ドキドキ
4

コレがわかる！

- ✔ 何株をいくらで買うのか、数字入力は慎重に。
- ✔ 株が取引される時間帯は1日5時間だけ。
- ✔ 株には売買単位があり、単元売りが基本。

竹内先生 Advice

誰でも最初の一歩は時間がかかるもの！

私も証券口座を作ってから、はじめて株を取引するまで、実に２か月もの時間を要しました。一度買ってしまえば、なんてことはないのですが、慣れないことをはじめるには勇気がいりますね。

株が取引される時間帯

株取引は株式市場で行われますが、市場が開いている時間帯は限られています。基本は、**朝9～11時30分までの前場《ぜんば》、昼の12時30分～15時までの後場《ごば》**といわれる合計5時間です。

前場と後場の市場が開くときを「寄り付き」、前場が終わるときを「前引け」、また後場が終わるときを「大引け」といいます。とくに寄り付きの9～10時ごろは、もっとも活発に取引される時間帯です。

ただし、買い・売り注文はネットで24時間出すことができます。

1日のスケジュール

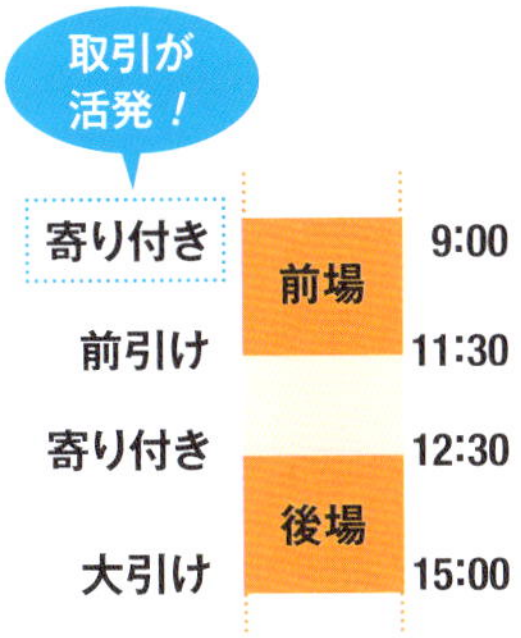
取引が活発！
寄り付き
前場
9:00
前引け
11:30
寄り付き
12:30
後場
大引け
15:00

株の売買単位である単元株数

株の注文を出すときに気をつけることはまだあります。それは、企業ごとに異なる「単元株数」です。**単元株数とは最低売買単位のことで、株取引は単位ごとのセット売りが基本。**

たとえば1単元が100株の場合、注文は100株、200株、300株というように整数倍になります。1000円の株が300株ほしいときには画面に「300」と数を入力します。そうすると購入金額は30万円となります（手数料などを除く）。

単元株数は、注文画面に表示されることもありますが、前もって銘柄情報などを見て調べておくと注文を間違わず、スムーズにできます。

株の単位と購入額の例

株価が1,000円の場合

単元株数

100株 の場合 …………… 10万円から買える

1,000株 の場合 ………… 100万円から買える

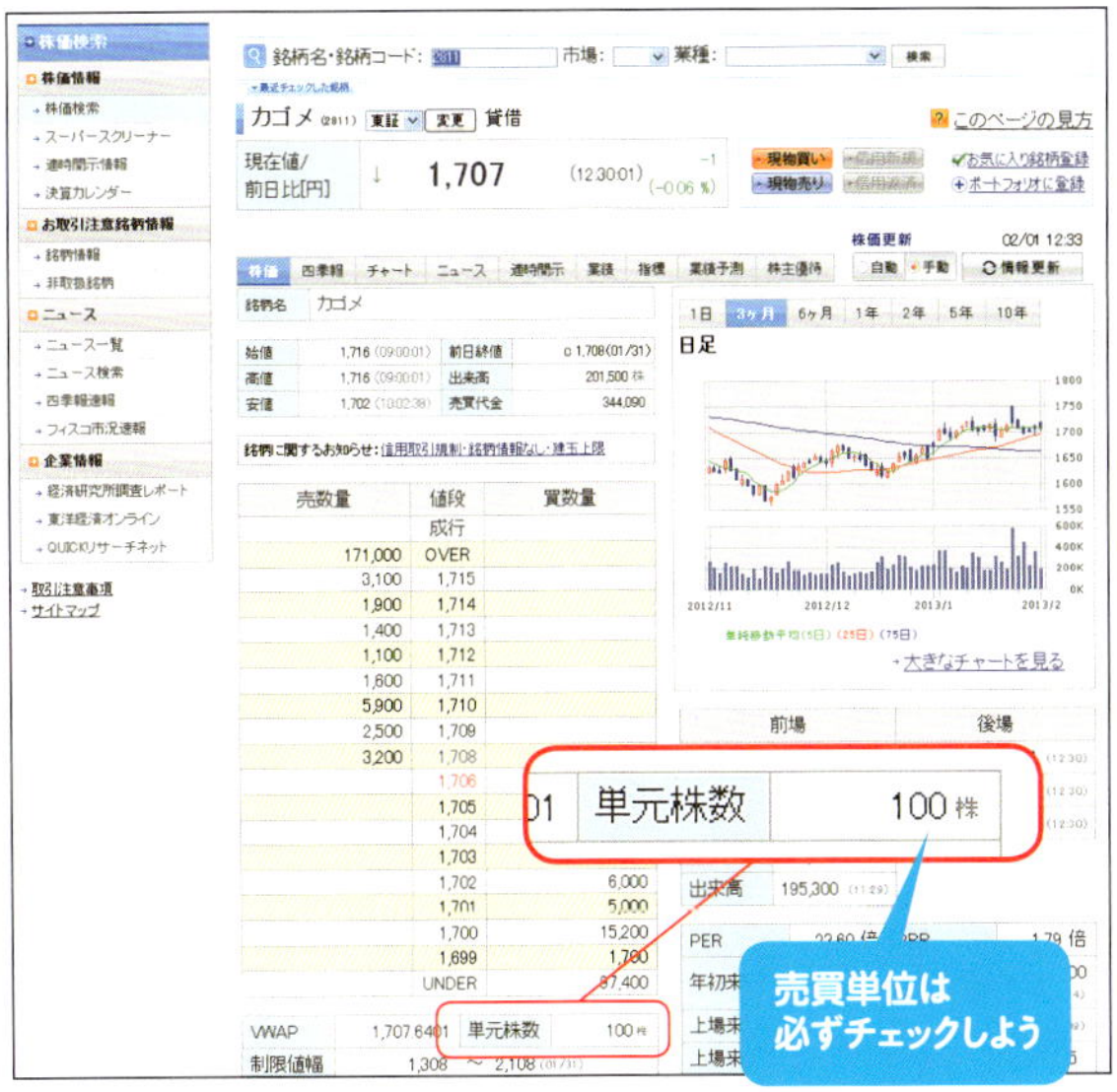
単元株数 100株
売買単位は必ずチェックしよう

呼《よ》び値《ね》の単位で注文する

「呼び値」とは、取引で示される１株あたりの売買の値段です。株の注文は呼び値の単位でしか出すことができません。

左の表を参考に見てみましょう。２０００円以下の売買は１円刻みなので１８９３円などの値段がつけられます。しかし３０００円以下は２８９５円、２９００円、２９９５円のように５円ずつ、また５万円以下なら50円ごと、30万円以下なら１００円刻みで注文する決まりがあります。

株価と呼び値

1株の値段の水準	呼び値の単位
3,000円以下	1円
5,000円以下	5円
30,000円以下	10円
50,000円以下	50円
300,000円以下	100円
500,000円以下	500円

※2015年4月現在
※「TOPIX100構成銘柄」は呼び値の単位が異なります。

株価の動きには制限がある

株価は日々動きますが、**高騰や暴落を防ぐために値幅制限というルールがあります。**これは、１日に変動できる値幅の上限と下限の決まりです。**制限させる値幅は株価によって異なります。**

左の表のように１００円未満は上下に30円ずつ、５００円未満は上下に80円ずつ、１５００円未満で上下に３００円ずつとなっています。たとえば株価が３００円の場合、株価は２２０円から３８０円の間で動きます。また、上限いっぱいまで株が買われたときを**ストップ高**、逆に売られたときを**ストップ安**といいます。３日営業日連続でストップ高、またはストップ安のまま取引が成立しないときには、翌営業日からは制限値幅が２倍に拡大されます。

基準の値段と値幅制限

基準の値段	制限値幅
100円未満	上下に30円
200円未満	上下に50円
500円未満	上下に80円
700円未満	上下に100円
1,000円未満	上下に150円
1,500円未満	上下に300円
2,000円未満	上下に400円
3,000円未満	上下に500円
5,000円未満	上下に700円

業績アップの情報が
出てストップ高になる
こともあるね

たとえば800円なら…

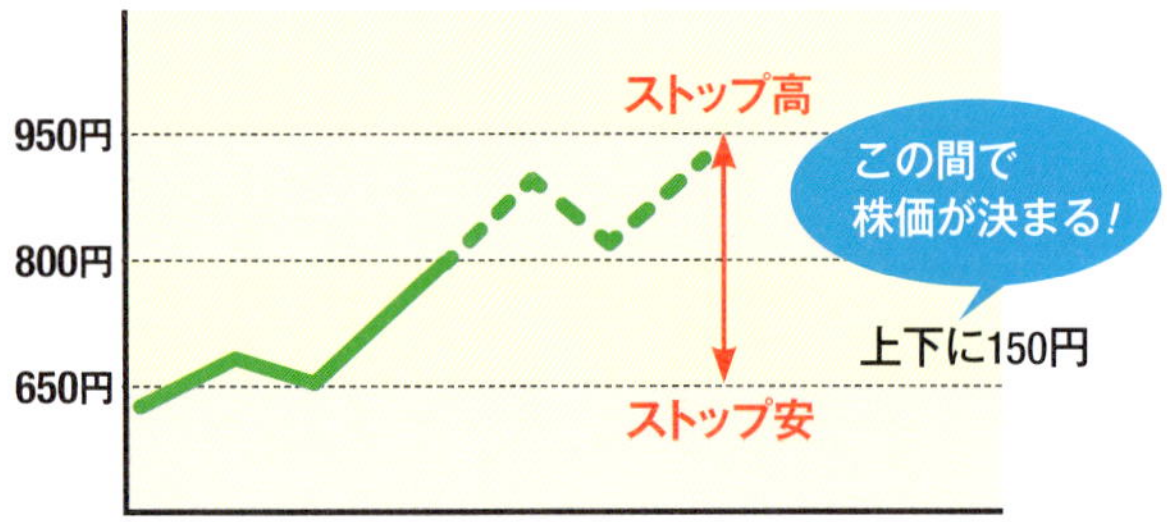
950円
800円
650円
ストップ高
ストップ安
この間で
株価が決まる！
上下に150円

一流企業の株も安く買える「ミニ株」

株は、基本は単元（⬇P59）売り。つまりセット売り、箱売り状態なので、欲しい銘柄でもある程度、まとまった資金が必要です。

そんなときにおすすめなのがミニ株、ワン株などと呼ばれる証券会社の一部で行われるサービス。**ミニ株なら単元株数の10分の1程度から買えます**。また、同様に少額の資金で購入できる方法として、★株式累積投資があります。

用語Check!

★**株式累積投資［るいとう］**
（かぶしきるいせきとうし）

「ミニ株」のほかに少額購入の方法として、株式累積投資があります。証券会社の選定した銘柄から欲しいものを選び、毎月1万円から積み立てて購入することができるサービスです。

ミニ株のサービスとは

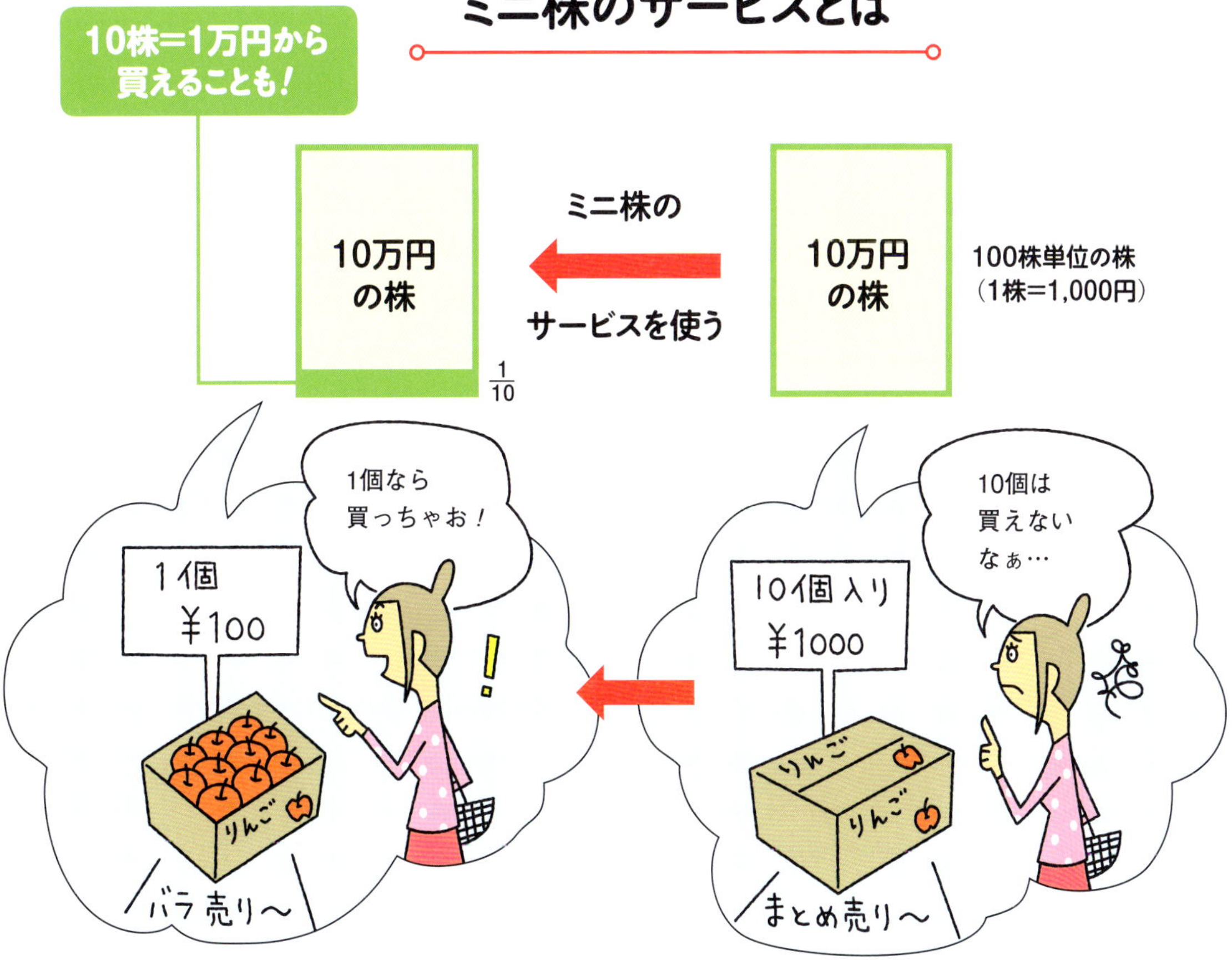
10株=1万円から買えることも！
10万円の株
ミニ株のサービスを使う
10万円の株
100株単位の株（1株=1,000円）
1/10
1個なら買っちゃお！
1個 ¥100
りんご
バラ売り～
10個は買えないなぁ…
10個入り ¥1000
りんご
りんご
まとめ売り～

板情報を見て買い方を決めよう

買い注文を出すときには、まず口座を開設した証券会社へログイン。欲しい銘柄の名前または★証券コードを入力します。

各銘柄の詳細ページには、その企業の株価注文状況がわかる「板《いた》」と呼ばれる情報が表示されます。**板には買い板と、売り板情報が載っており、それを見れば売りたい人と買いたい人の状況、株価の状況をリアルタイムで知ることができます。**

用語Check!

★**証券コード**（しょうけんこーど）

銘柄ごとに割り振られた会社の株式の番号。証券コード協会によりつけられる4桁のナンバーで、証券取引所に上場した企業名と同様の意味を持ちます。

板情報の出し方

※楽天証券の場合

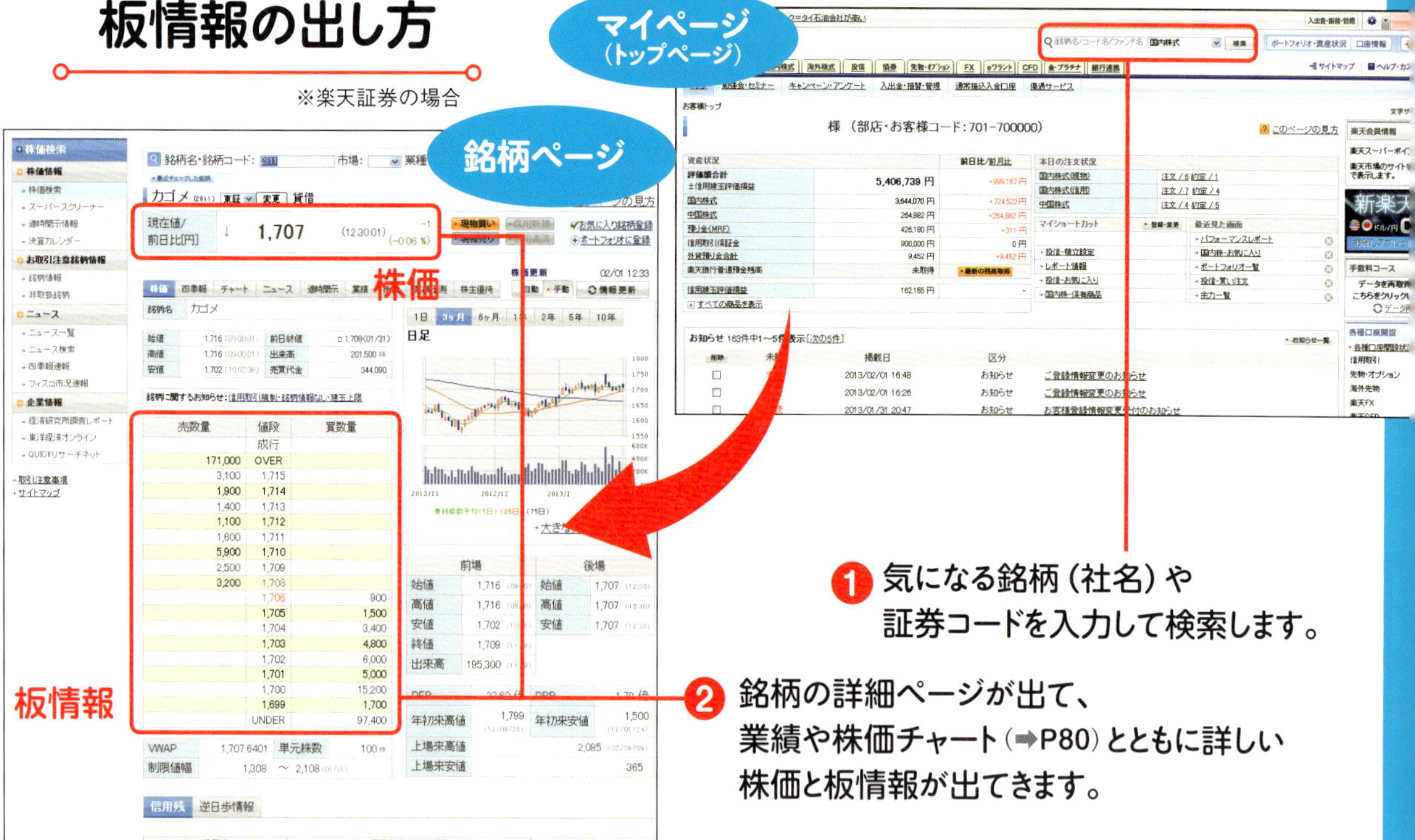

❶ 気になる銘柄（社名）や証券コードを入力して検索します。

❷ 銘柄の詳細ページが出て、業績や株価チャート（➡P80）とともに詳しい株価と板情報が出てきます。

板情報の見方

※楽天証券の場合

売数量
株価の左横に出ている数字は、その値段での売り注文が何株出ているかの数。

値段（気配値）
証券取引所に注文が出ている価格。

買数量
株価の右横に出ている数字は、その値段での買い注文が何株出ているかの数。

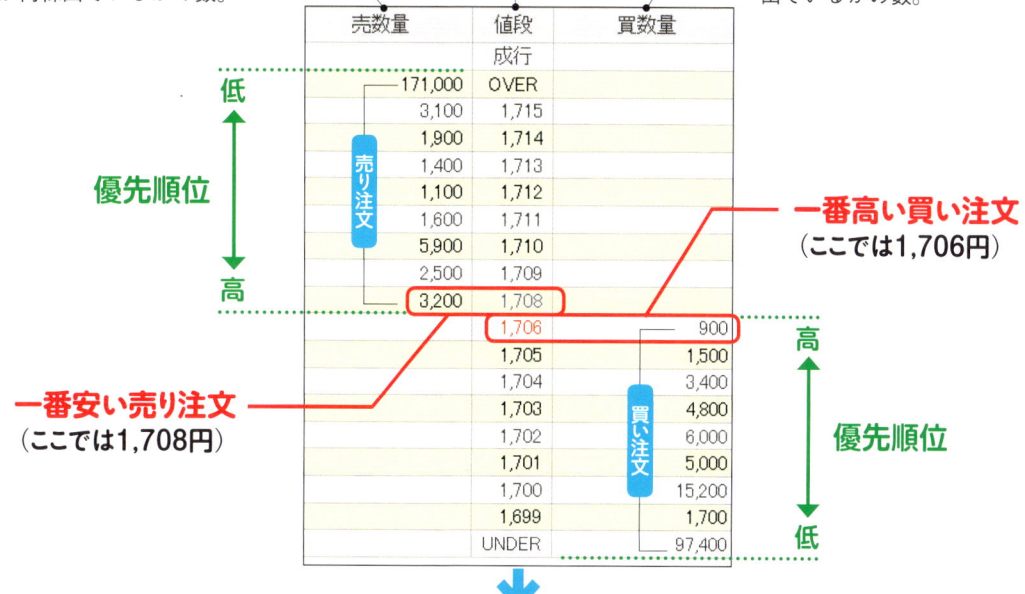

売数量	値段	買数量
	成行	
171,000	OVER	
3,100	1,715	
1,900	1,714	
1,400	1,713	
1,100	1,712	
1,600	1,711	
5,900	1,710	
2,500	1,709	
3,200	1,708	
	1,706	900
	1,705	1,500
	1,704	3,400
	1,703	4,800
	1,702	6,000
	1,701	5,000
	1,700	15,200
	1,699	1,700
	UNDER	97,400

売り注文：優先順位　低 ↕ 高

買い注文：優先順位　高 ↕ 低

一番高い買い注文
（ここでは1,706円）

一番安い売り注文
（ここでは1,708円）

1,708円なら売りたいと思われているのが3,200株数、
1,706円なら買いたいと思われているのが900株数ある。

もっと安く買いたい！

「指《さし》値《ね》買い」注文をする

買ってもよいと思う株の値段を自分で決める方法です。必要な金額を予測できて安く買えるメリットがありますが、その価格で売る人がいなければ取引が成立しません。

今すぐ買いたい！

「成り行き買い」注文をする

板情報を見て、価格を相場の成り行きにまかせる注文方法です。その場合、売り注文のいちばん安い価格から順に買うことができます。つまり、早い者勝ちになります。

板情報のここに注意！

※楽天証券の場合

上に行くほど
新しい情報

時刻	出来高	約定値
11:29:12	300	1,698
11:29:01	100	1,698
11:28:32	100	1,700
11:26:37	100	1,699
11:26:25	100	1,699
11:22:51	100	1,699
11:22:00	100	1,700
11:21:51	400	1,699
11:21:38	100	1,699
11:21:38	300	1,699
11:20:48	500	1,699
11:19:50	100	1,699
11:17:57	200	1,700
11:16:38	100	1,700
11:15:40	100	1,700
11:12:49	100	1,700
11:12:44	1,000	1,700
11:12:25	100	1,700
11:12:04	100	1,699
11:12:02	1,000	1,700
11:11:40	1,000	1,700
11:11:37	300	1,699
11:11:04	400	1,699

歩み値

＋

売数量	値段	買数量
	成行	
171,000	OVER	
3,100	1,715	
1,900	1,714	
1,400	1,713	
1,100	1,712	
1,600	1,711	
5,900	1,710	
2,500	1,709	
3,200	1,708	
	1,706	900
	1,705	1,500
	1,704	3,400
	1,703	4,800
	1,702	6,000
	1,701	5,000
	1,700	15,200
	1,699	1,700
	UNDER	97,400

板

板に出るのは
指値注文だけ

成り行き注文は板に出ない！

成り行きは即決注文なので板に反映されません。取引時間内なら「歩《あゆ》み値《ね》」という約定《やくじょう》（➡P30）した値段、株数（出来高）がわかるサービスを併用します。

売数量	値段	買数量
	成行	
1	113,500	
1	110,000	
3	109,800	
1	109,700	
3	108,000	
2	106,800	
1	106,500	
1	106,000	
	105,100	1
	105,000	1
	104,100	2
	104,000	12
	103,000	1
	101,200	2
	100,000	1
	98,100	1
	累計	

急に注文数が多くなると、
想定外の値段で約定することも

値段の
幅が大きい

板がスカスカの成り行き注文は危険

売買価格と株数が少ない状態で成り行き注文をすると、値段の幅が大きいため、思わぬ高値で約定する危険もあるので注意！

売数量	値段	買数量
	成行	
	OVER	
100	869	
200	863	
100	850	
	817	
	817	S 100
	801	100
	795	100
	790	300

楽天証券の場合、特別気配はSと表示されます。

特　特別気配。買い注文、売り注文のどちらか片方へ集中したときに表示される。バランスが回復するまで約定せず、株価を上げ下げしている状態。

注　注意気配。売り注文が並んでいないのに、成り行きで買い注文を出してしまうと値段が跳ね上がる。それをコントロールするために出るマーク。

S　ストップ高（安）。株価の動きには制限があり（➡P60）、その値幅制限の上限、下限になったときに出るマーク。

マークがあったら取引は慎重に

板に見慣れない表示が出たときには要注意です。左に紹介したようなマークが出た場合、初心者のうちは慎重に判断しましょう。

買い注文を出してみよう

買い注文を出すときには「どの銘柄を」「何株」「注文方法は指値か成り行きのどちらで」「いつまでに買うか」を決めます。初心者は、ある程度有名な企業の銘柄であれば、成り行き注文のほうがかんたんですぐに成立するので、おすすめです。この場合、注文の有効期間は「当日」になります。

指値にする場合は、株価を設定します。株価によって呼び値（➡P60）があるので、エラーが出たときは見直してください。指値の場合は、設定した買い値以下での売り注文がなければ約定せず、有効期間を設定しなければ当日で注文は失効します。その後成り行きにするのか、買えるまで待つのか、どう買うかを再検討するとよいでしょう。

買い注文の出し方

※楽天証券の場合

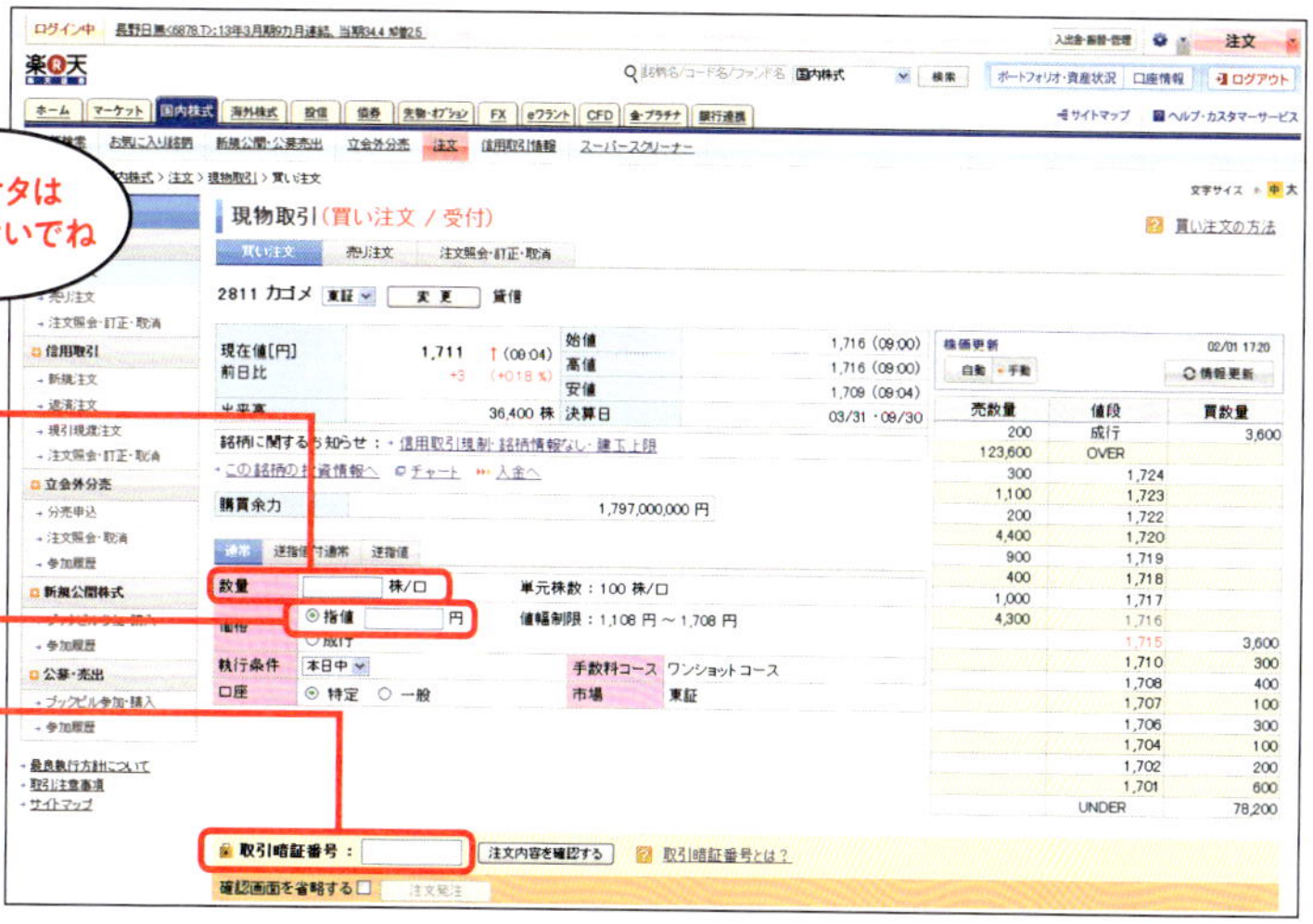

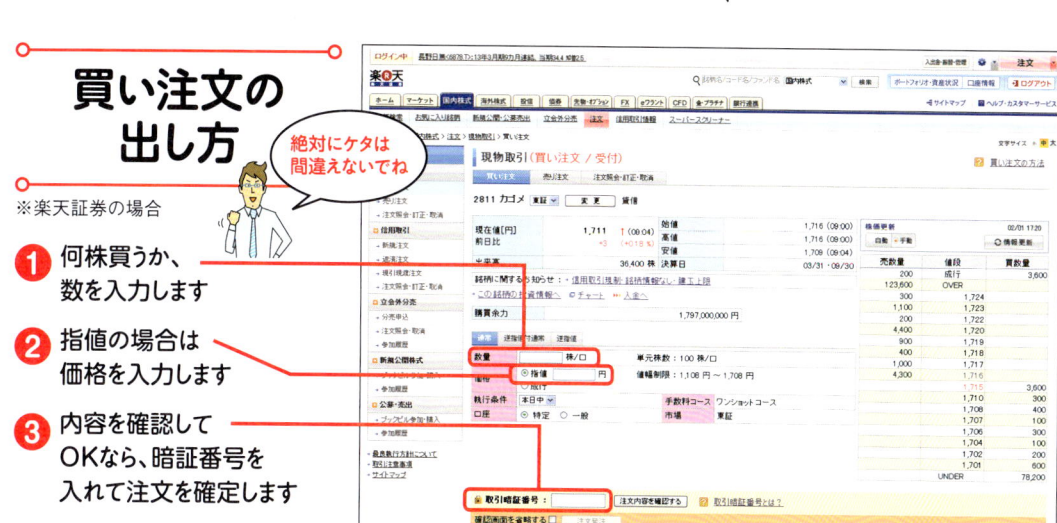

1. 何株買うか、数を入力します
2. 指値の場合は価格を入力します
3. 内容を確認してOKなら、暗証番号を入れて注文を確定します

注文状況の見方

※楽天証券の場合

注文を確定したら、しっかりと注文状況を確認します。取引が成立していれば、約定できた数が出ています。

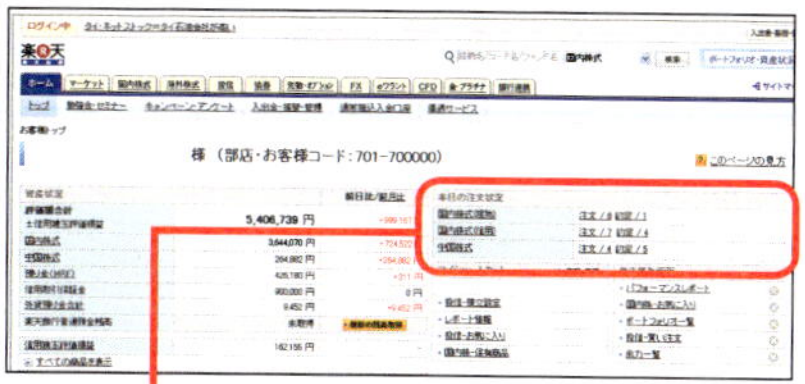

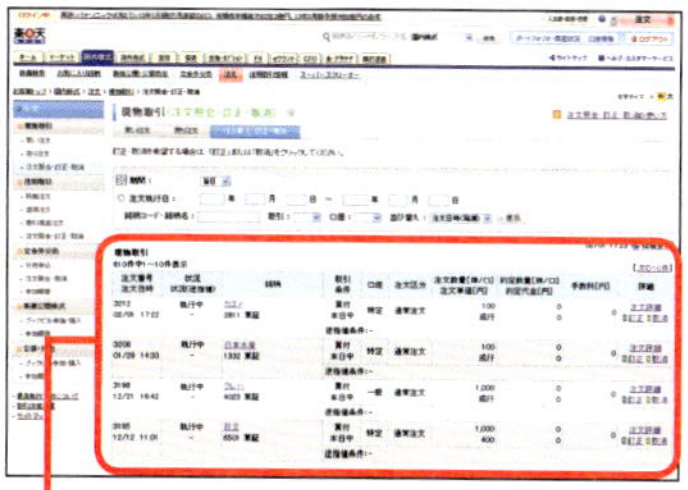

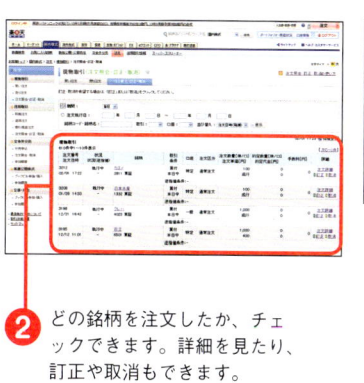

1. マイページに「本日の注文状況」があり、注文数と約定数がわかります。国内株式をクリックしてみましょう。
2. どの銘柄を注文したか、チェックできます。詳細を見たり、訂正や取消もできます。

Step 5 株を売ろう

買うより売るほうが難しい!

株は売ることで利益が得られます。その売るタイミングがもっともむずかしく、悩むもの。儲け(損)には、人間の心理が絡むからです。「さらなる利益を追わずに、まずは確定させることが賢明」であることを説いた「利《り》食《ぐ》い千人力《せんにんりき》」という言葉があります。**最初のうちは「1割上がったら売る」など、自分なりのルールを決め、利益の確定を優先させましょう。**

また売却利益は、約定日を含め証券会社の4日目の営業日に口座へ入金されます。タイムラグがあるので覚えておきましょう。

シミュレーションしておこう!

2倍になった…しかしまだ上がるはず…いや、今売らないと損するかも…しかし…うーん…
売るときはついこんなふうに悩みがちだ
1
だからルールを決めるといいね!
「○円になったら売る」と決めて頭の中でシミュレーションをしておくんだ
なるほどー
2
後日・・・
2倍になった! よーし売るぞ!!
おめでとう!!
3
今のは……練習
テヘ
2倍で売ると決めたシミュレーションしてただけ
ズルッ…
4

コレがわかる!

- 売るときには自分なりのルールを決めておく。
- 売る手順は買うときとまったく同じ。
- 売り注文の方法は慣れるまで成り行きで。

知っ得 売るときに投資成績が決まる!

株は買った値段より高く売らなければ儲かりません。より高く売れれば、その分投資成績もよくなります。株を売るときに、その投資が成功か失敗かが決まるため、売りどきの判断が一番難しいのです。

状況に合わせて売り方を決めよう

株を売る場合も、基本的には買うときと手順は同じです。売ろうとする時点で銘柄は決まっているはずなので、そのうち何株売るかを検討します。**複数単元を持っている場合は、一気にすべて売却する必要はないので、迷ったらまず半分だけでも構わないでしょう。**状況に応じて判断します。

売り注文の方法は、買う場合と同様、成り行きと指値《さしね》注文があります。**初心者のうちは慣れるまで成り行きをおすすめします。**成り行きで注文を出すと、板情報の右側、買い注文の一番高い値段で売ることができます。成り行きは売ることを優先するので、板情報の注文がスカスカだと、思わぬ安値になることもあります。その点には注意が必要です。

板情報と売り注文

※楽天証券の場合

この値段で売りたい！

「指値《さしね》売り」注文をする

自由に売り注文の値段を決める方法です。しかし、希望した値段で買ってくれる人がいなければ、取引は成立しません。約定まで時間がかかることもあります。

売数量	値段	買数量
	成行	
171,000	OVER	
3,100	1,715	
1,900	1,714	
1,400	1,713	
1,100	1,712	
1,600	1,711	
5,900	1,710	
2,500	1,709	
3,200	1,708	
	1,706	900
	1,705	1,500
	1,704	3,400
	1,703	4,800
	1,702	6,000
	1,701	5,000
	1,700	15,200
	1,699	1,700
	UNDER	97,400

売り注文

買い注文

今すぐ売りたい！

「成り行き売り」注文をする

買い注文の数が極端に少ない銘柄に成り行き注文を出すと、予想よりかなり安く売れてしまうことも。板情報をよく見て、買い注文の状況をしっかりと把握することが大切です。

売り注文を出してみよう

売り注文も買い注文と手順は同じです。「どの銘柄を」「何株」「注文方法は指値か成り行きのどちらで」「いつまでに売るか」を決めます。買い注文同様、初心者は成り行き注文がおすすめ。何円で売ろうか迷ううちに、株価が下がってしまうことがあるからです。それでも**少しでも高く売ろうとして指値で待っていると、さらに株価が下がり、結局はかなりの安値で売らなければならないことも。**

このようなことを避けるには、板情報をしっかり見て、成り行き注文を出します。成り行き注文の有効期間は「当日」になります。指値の場合は、呼び値（⬇P60）に注意して値段を入力します。**期待通りに株価が上がらないときは「損《そん》切《ぎ》り」といって、どこかで見切りをつけ売ることが大切です。**

売り注文の出し方

※楽天証券の場合

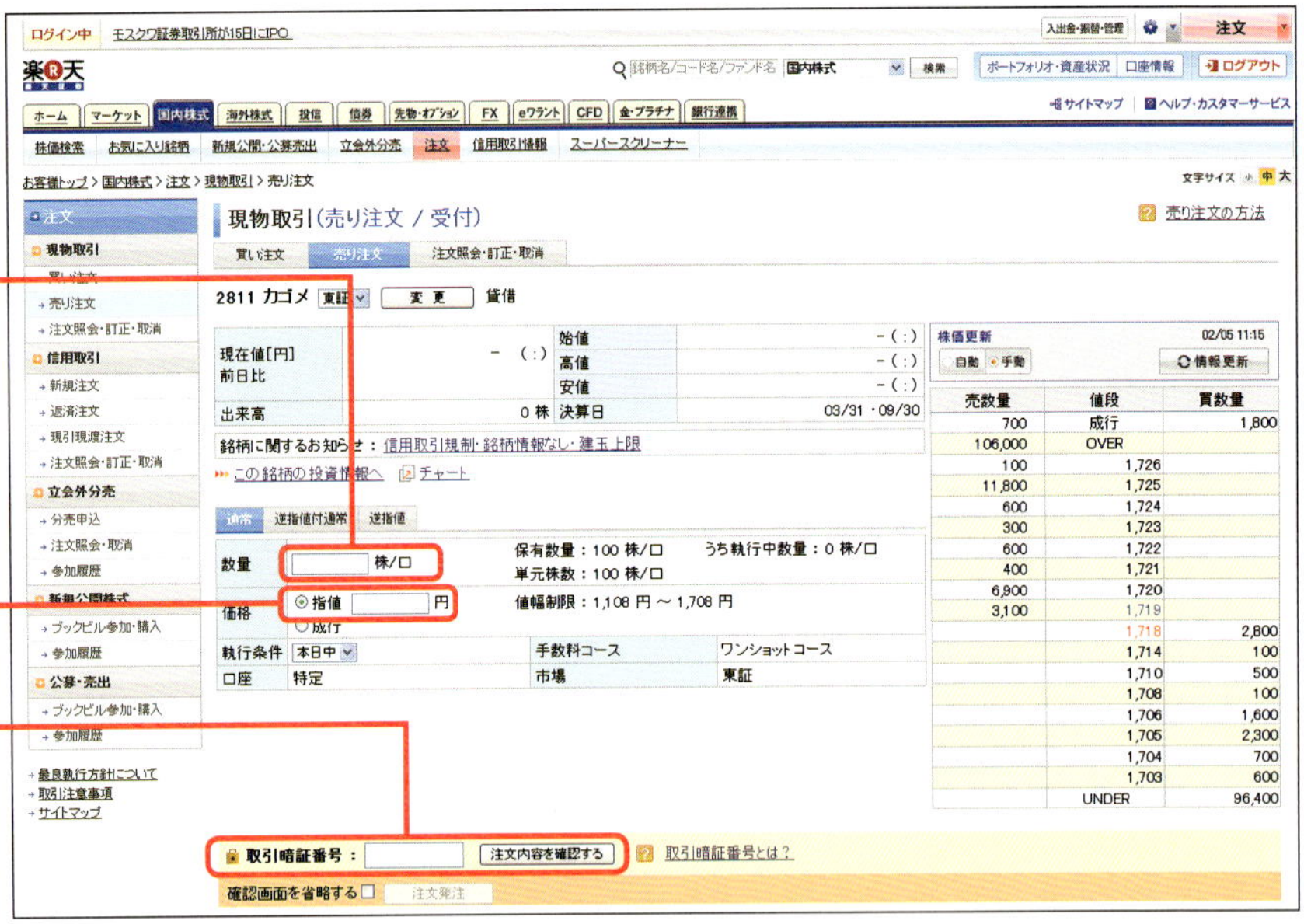

1 何株売るか、数を入力します。

2 指値の場合は価格を入力します。

3 内容を確認してOKなら、暗証番号を入れて注文を確定します。

買い注文➡売り注文のお金の流れ

株購入代金と株売却代金を差し引きし、そこから取引手数料を引きます。さらにそこから税金を引いた額が、最終的な儲けになります。平均的な手数料で作成した、下の例を見てみましょう。

口座の資金
50,000円

❶ 40,000円の株を買う **40,000円**

・手数料が発生する　−108円

❷ 42,000円に株価が上がり、株を売る **+2,000円**

利益（含み益）

・手数料が発生する　−108円

・税金が発生する　−356円

利益から手数料を引いた分に、20%の税金をかける（※）　（2,000円−216円）×0.2

取引後の口座
51,428円

純利益（儲け） **1,428円**

※税金に関わる法律は、たびたび変わります。
詳しくは証券会社のホームページや税務署などで確認しましょう。

忙しい人にとくにオススメ！

逆《ぎゃく》指《さし》値《ね》注文を利用する

株の売買方法は指値、成り行きのほかにも、事前に値段を指定できる便利な自動売買法があるので活用してみましょう。

逆《ぎゃく》指《さし》値《ね》注文で投資の幅を広げる

通常の注文に慣れたら少しハイレベルな逆《ぎゃく》指《さし》値《ね》注文に挑戦！　これは**指値注文の逆発想**で、株価が「○円まで下がったら売り」、または「○円まで上がったら買い」と**注文の予約を出しておくやり方**です。さらに、通常の指値と逆指値を同時に行う**ツイン指値**という方法もあります。

これらをうまく使い、注目銘柄の上昇を予想して利益アップをはかったり、リスクを最小限にすることができます。

ただし、このサービスを行う証券会社は限られており、有効期間なども異なっています。

指《さし》値《ね》注文・逆《ぎゃく》指《さし》値《ね》注文

買い注文の場合

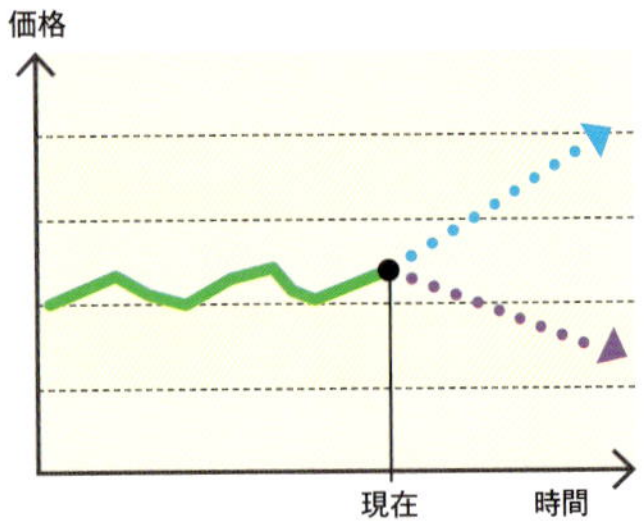

価格が上がってきたら買う ➡ **逆指値**

価格が下がってきたら買う ➡ **指値**

売り注文の場合

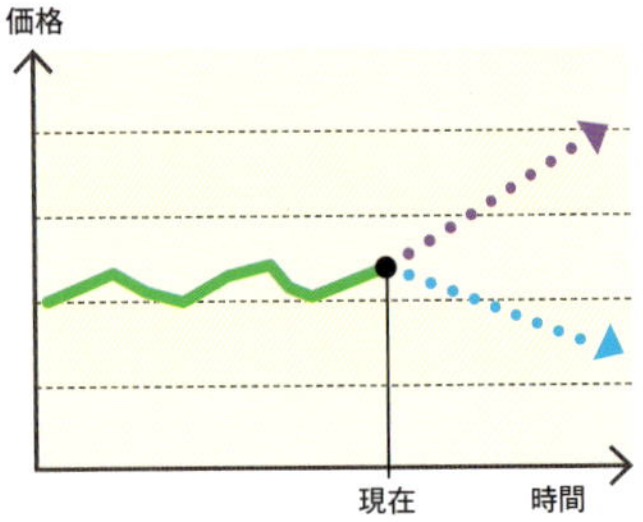

価格が上がったら売る ➡ **指値**

価格が下がったら売る ➡ **逆指値**

逆指値買い注文の例

100～110円を行ったりきたりの相場で、110円以上になったら111円で買う。

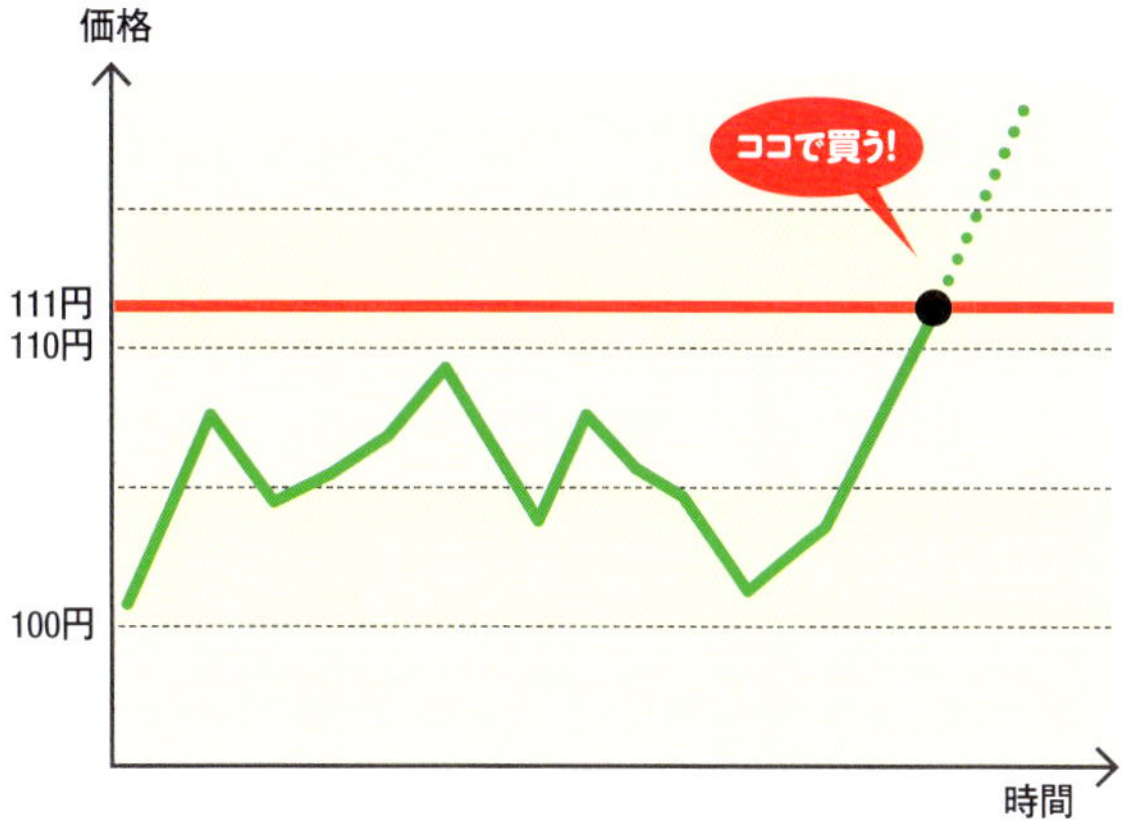

株価が上がりそう！

逆指値買い注文をする

相場が110円を突破し、その後も株価が上がりそうなとき、自動的に111円で指値注文が出ます。買い注文が殺到しない限り、予定していた株価で買うことができます。

逆指値売り注文の例

110円で買った株が、99円まで下がったら売って、損を最小限にする。

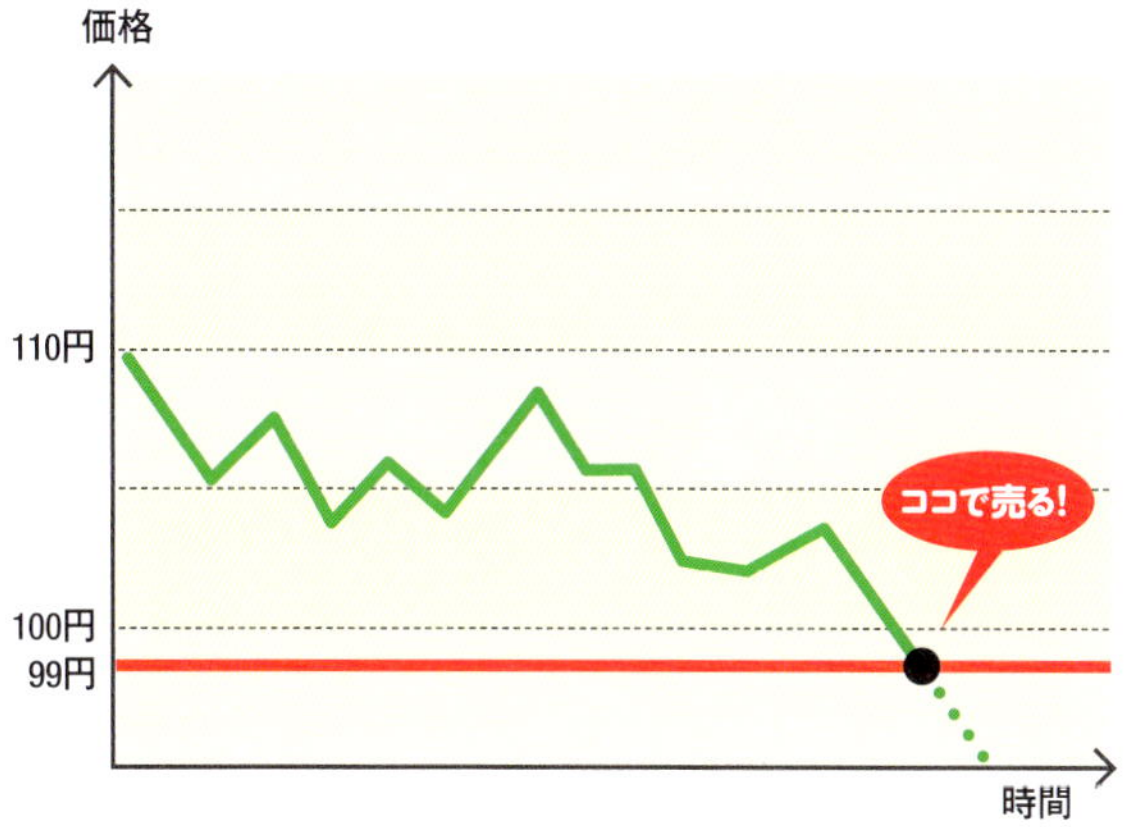

早めに損を阻止！

逆指値売り注文をする

通常は、株価が下がってから慌てて売り注文を出します。しかし逆指値なら、最初に「損が出る99円に売る」と設定しておけるため、自動的にその値段で売れ、安心です。

Step α アルファ

証券会社の情報をうまく利用しよう

多彩なサービスを投資に役立てよう

証券会社で口座を開設すると、さまざまなサービスを受けることができます。

各社共通の主なサービスとして、**自分の資産・投資状況が把握できたり、各銘柄のページで株価やチャートを見たりすることができます**。また、経済・金融ニュースや会社四季報などで、市場の傾向や各企業の業績をチェックすることもできます。

また、より高機能な情報ツールを有料で配布している会社も多く、投資会社と同じような環境での取引も可能になっています。

最初にチェックしとこう

決めた!! 情報をバシバシ使って
「稼げる」投資家になるわ!
おおー
1
ということで
おおお
まぶしー
会社四季報
バーン
2
あれ…? たしか
○△証券に口座を開設してなかったっけ?
しましたけど…?
四季報
3
○△証券は無料で四季報が見れるんだよ
ホラ
あっ、本当だ!
PC
ガーン
四季報
4

コレがわかる!

- ✓ スクリーニング機能で希望の株を探そう。
- ✓ スマホや携帯でも取引ができる。
- ✓ 各証券会社独自のツールを使いこなそう。

知っ得

株取引がシミュレーションできる!

株取引にふみ出せない人におすすめなのが、マネックス証券「バーチャルトレードクラブ」などのシミュレーション。ただ、生きたお金でないと真剣になれないことも多いので、ぜひ失敗をおそれず実際の取引に飛び込んでみることも大切です。

証券会社の主なページを見てみよう

※楽天証券の場合

マイページ

資産状況

証券会社で購入した株など、金融商品の現在の評価額を確認できる。

注文状況

注文がある場合、本日の注文件数と約定件数が表示される。

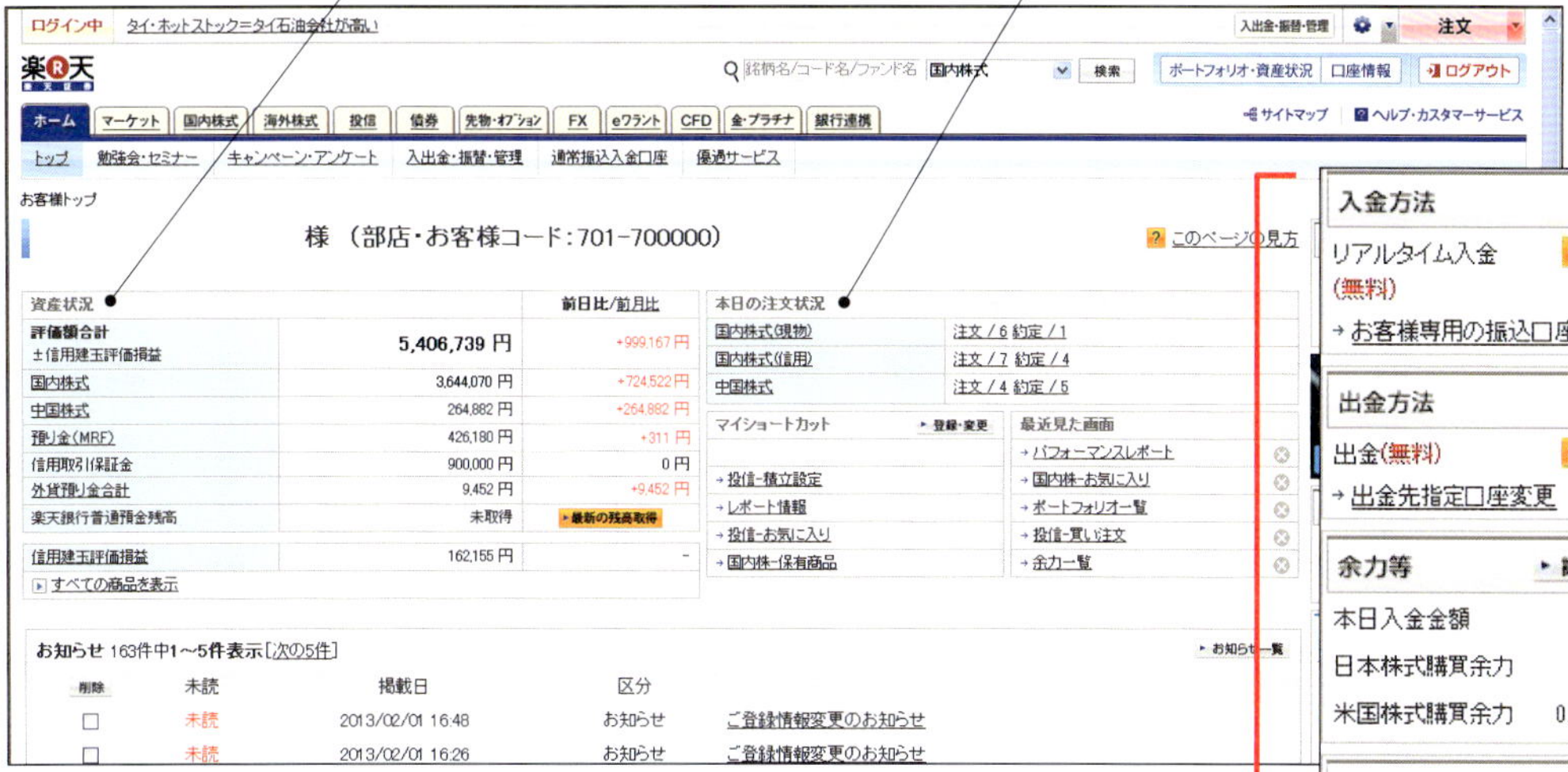

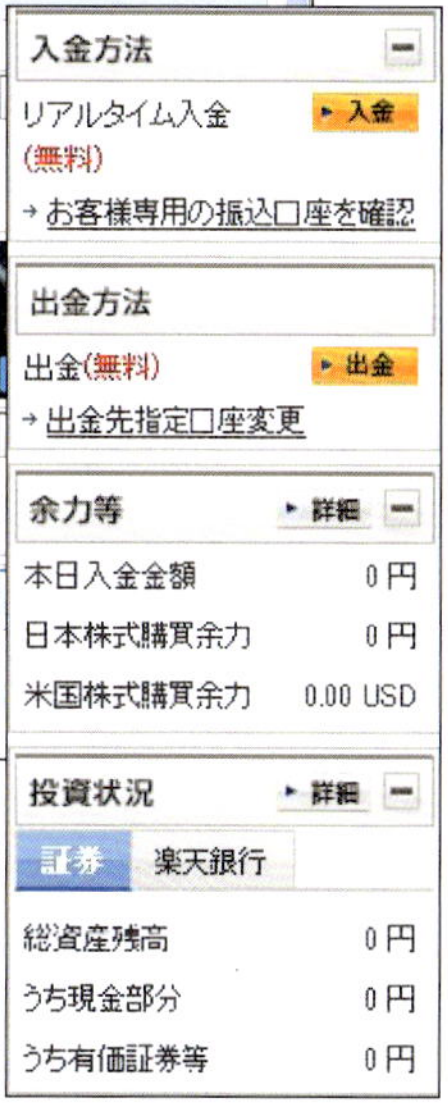

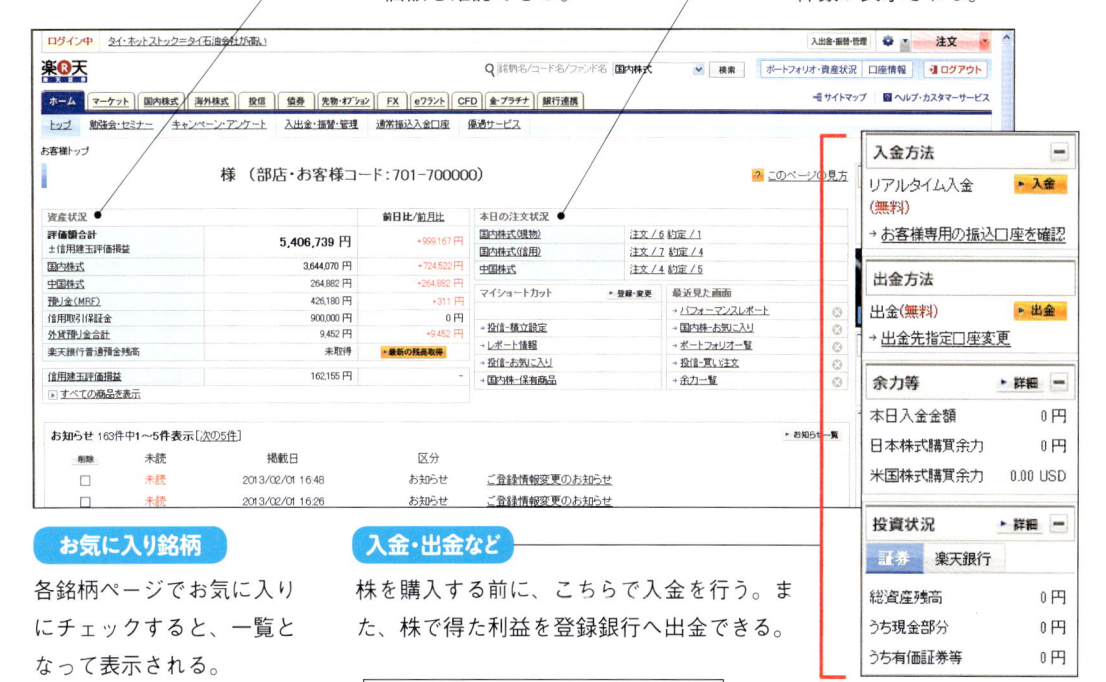

お気に入り銘柄

各銘柄ページでお気に入りにチェックすると、一覧となって表示される。

入金・出金など

株を購入する前に、こちらで入金を行う。また、株で得た利益を登録銀行へ出金できる。

銘柄ページ

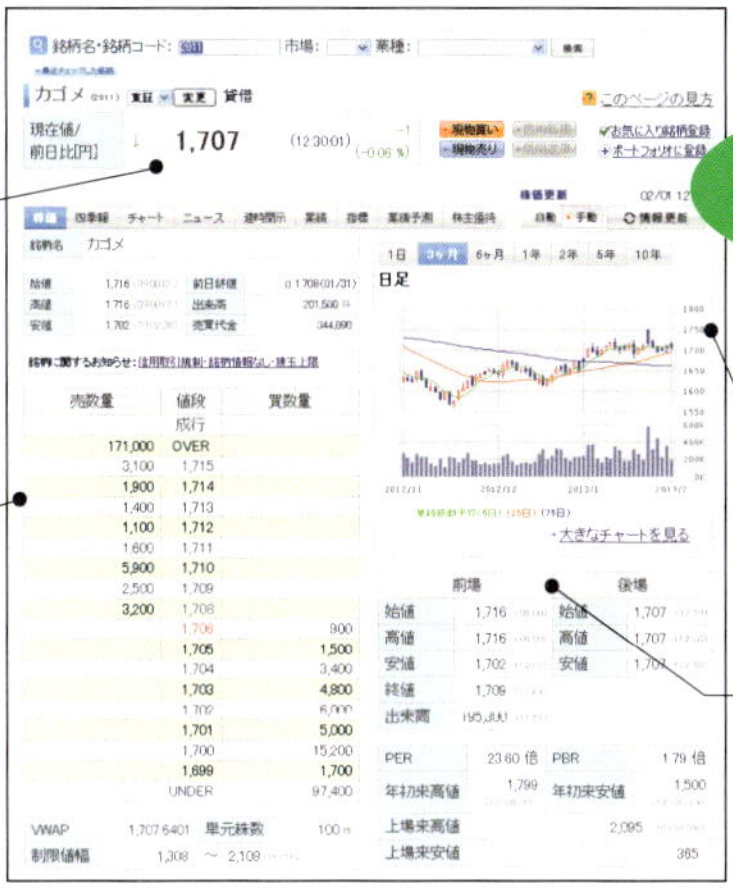

株　価

株価の更新を自動にすると、最新の株価を自動で表示する。

板情報

最新の板情報を表示。売買株価や取引数といった注文状況がわかる。

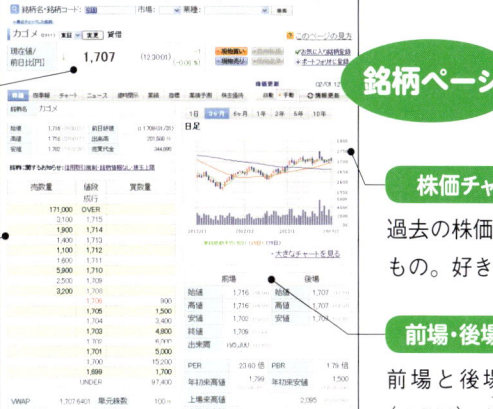

株価チャート（➡P80）

過去の株価の動きをグラフ化したもの。好きな期間で確認できる。

前場・後場

前場と後場、それぞれの4本値（➡P83）、出来高《できだか》（➡P92）を表示。

※楽天証券の場合

ニュース・四季報速報

「国内株式」にあるニュースでは、国内株式に関わるニュースやアジア、アメリカなどのマーケット（市場）の概況を表示。四季報速報では、「会社四季報」より提供される記者コメントと業績予想を見たい期間で表示できる。

ニュース検索で、気になる業種のニュースだけ見ることもできる。

決算カレンダー

「国内株式」にある決算カレンダーでは、日付をクリックすると、その日に決算が行われる企業を表示。前期の結果や今期の進ちょく状況も見ることができる。

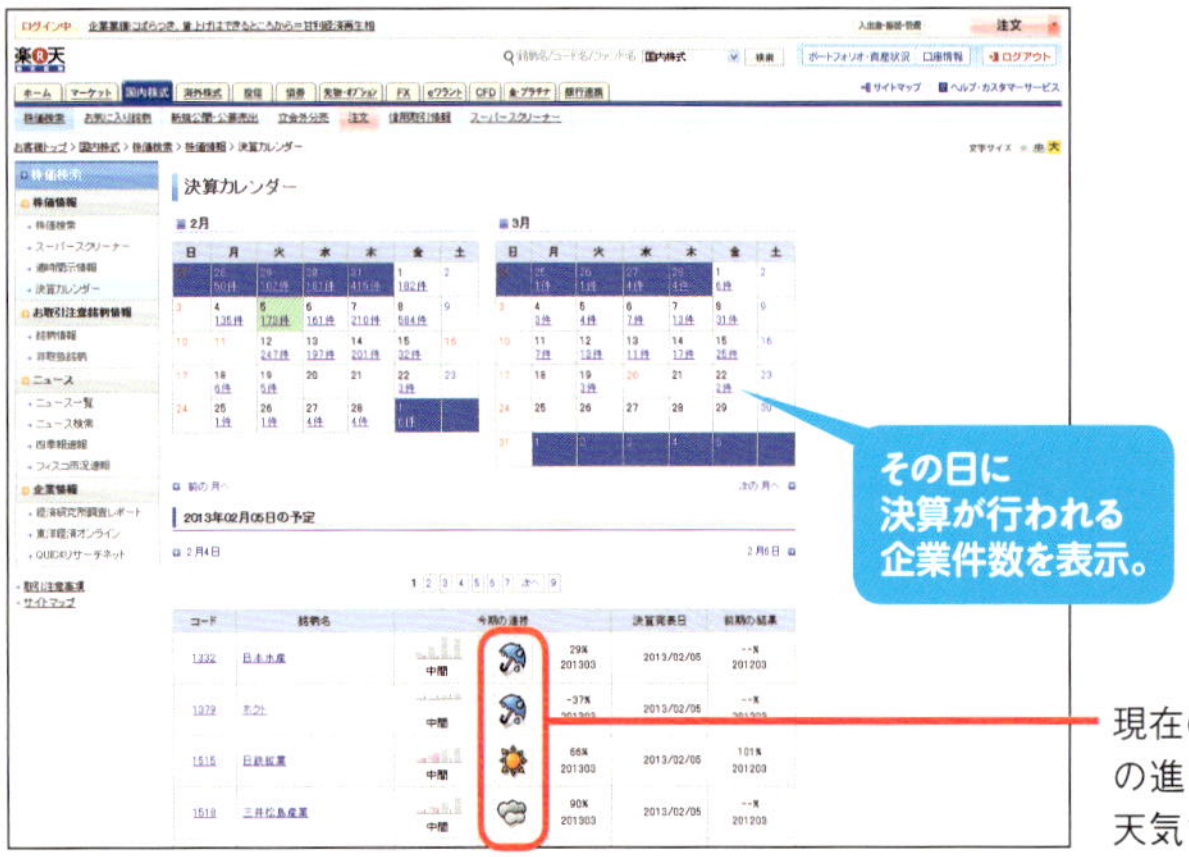

現在の経常利益（➡P109）の進ちょく状況を3種類の天気マークで表現している。

株主優待

「マーケット」内にある「株主優待」をクリックすると、次の月に権利確定日がある人気の銘柄をピックアップ。詳しい情報は銘柄名をクリックすると表示される。

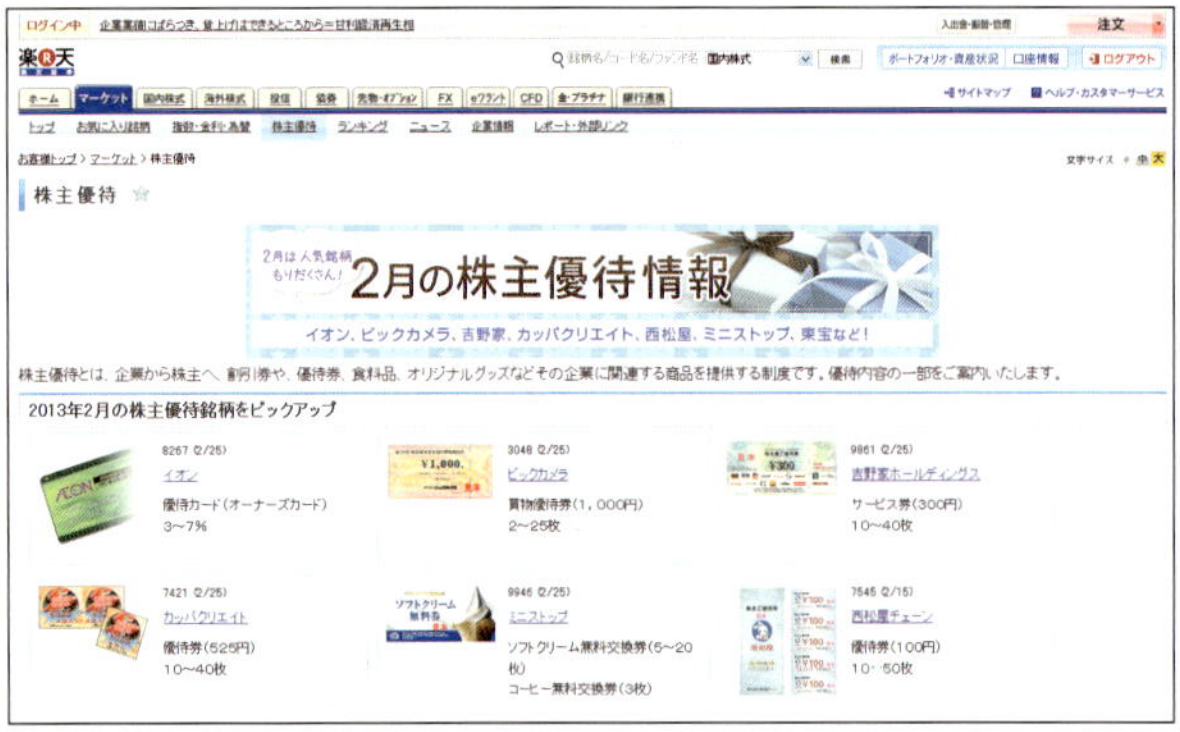

スクリーニング機能を使う

※楽天証券の場合

スクリーニングとは、取引市場、希望価格、業種といった条件を入力し、それに合った銘柄を絞り込むサービス。楽天証券の場合、「スーパースクリーナー」がそれにあたる。

スクリーニングの例

- 10万円以下で買える東京証券取引所の株
- 医薬品に関わる企業で、PER（➡P96）が15倍以下の株
- 30万円以下で買える配当利回り（➡P102）が3%以上の株

など

証券会社おすすめの検索条件が表示されるほか、自分で条件を選んで保存することもできる。

市場、規模、投資金額などの主な絞込み条件。詳細検索項目で売上高や経常利益（➡P109）、PER（➡P96）など数十種類の検索項目が追加できる。

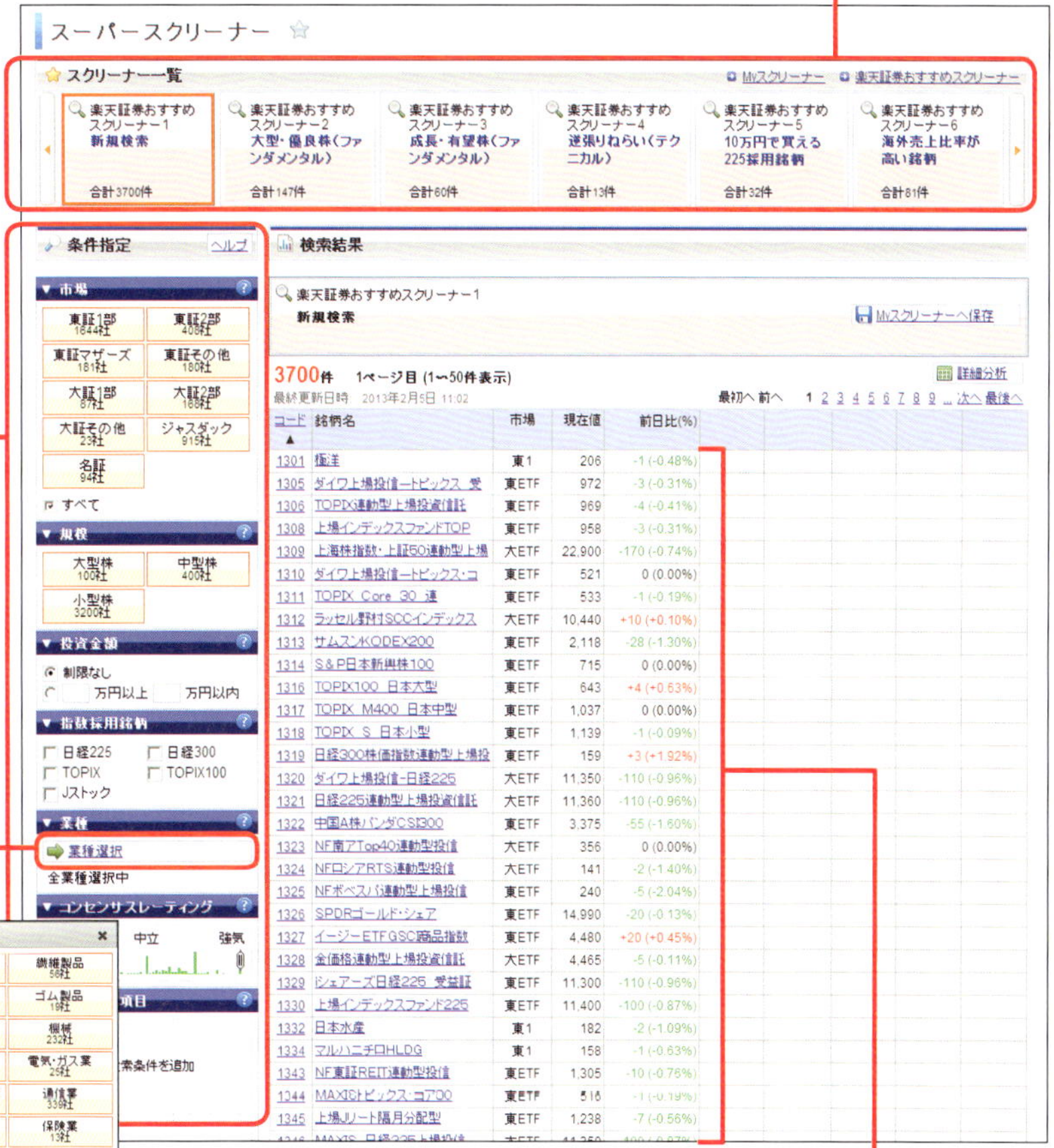

約30種に分かれた業種から絞り込むことができる。

検索結果がここに表示される。

スマホ・携帯でも取引しよう

※楽天証券の場合

外出先、仕事の合間などに、スマホや携帯から株価チェックや取引ができます。それには専用アプリと専用サイトを使う2つの方法があります。

常に最新のニュースに更新されている

板をクリックすれば、板情報も表示できる

トップページ（左）と銘柄ページ（右）。銘柄ページでは、5分足、日足、週足、月足を1画面で同時表示することもできる。

スマホ　タブレット　携帯

専用アプリを利用

楽天証券の場合、モバイル取引を快適にするためのアプリが「iSPEED」。定期的なバージョンアップがあり、常に使いやすい環境が用意されている。パソコンとひけを取らない情報量、取引スピード、各種機能が備わっている。

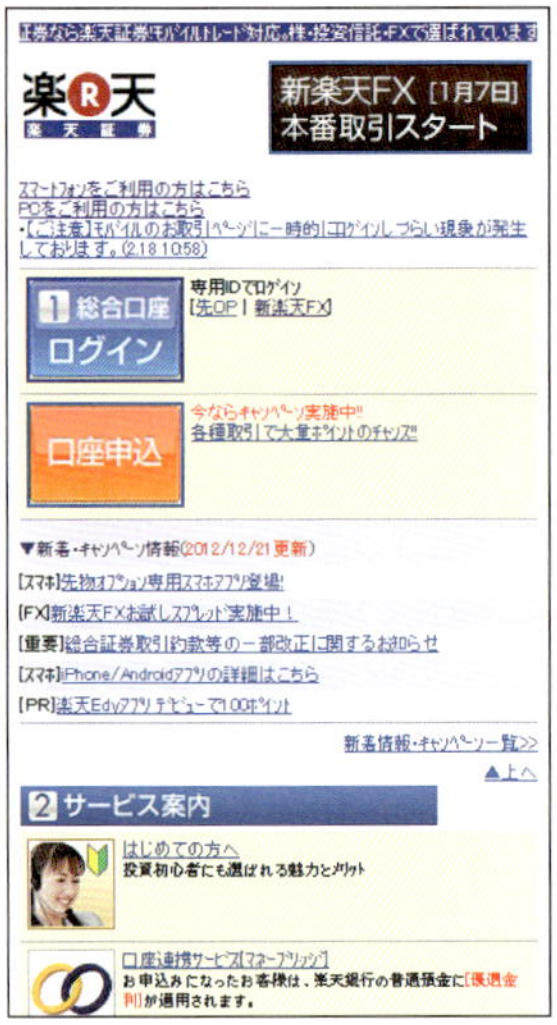
楽天証券
新楽天FX［1月7日］
本番取引スタート
1 総合口座 ログイン
口座申込
2 サービス案内

トップ画面からログインし、取引へ。一部の機能は、口座を開設していない人も利用できる。

楽天証券
カゴメ（2811）株価詳細
20分ディレイ　[*]更新
カゴメ(2811)東1
現値：[C]1,704（15:00）
前比：−5（−0.29%）
出来：268,500株
始値：1,707（09:00）
高値：1,713（13:04）
安値：1,703（12:32）
前終：1,709（02/06）
VWAP：1,706.9408
売買代金：458,314千円
単位：100株
年初高：1,799（09/28）
年初安：1,500（01/24）
東証33業種：食料品
2802 味の素
2267 ヤクルト本社
2897 日清食品ＨＬＤＧ

株価チャート（➡P80）、4本値（➡P83）、出来高（➡P92）、株主優待情報などを見ることができる。

携帯　スマホ

専用サイトを利用

スマホなどの普及前から使用されている携帯専用サイトは、シンプルなレイアウトが魅力で、だれでも利用しやすい。株価検索、マーケット情報、入金、出金、株取引など基本的な機能は揃っている。下記のURLを直接入力するか、各携帯会社のメニューから飛ぶ。スマホ専用サイトもある。

携帯HP……http://m.rakuten-sec.co.jp/
スマホHP…https://www.rakuten-sec.co.jp/smartphone/

Part 2

証券会社独自の機能を使う

各証券会社では、取引をよりスムーズにして、より多く取引してもらうためのさまざまなツールを用意。各社オススメのツールを紹介します。

リアルタイム&スピーディー

SBI証券 HYPER《ハイパー》 SBI《エスピーアイ》

リアルタイムな情報収集から、注文を出すところまで一貫して、かんたん・スピーディーに行える高機能ツール。板情報画面でのドラッグ&ドロップ、気配値上にユーザの注文を個別表示する機能も。自分の使いやすい形に表示形式を変えることもできる。

楽天証券最強のツール

楽天証券 マーケットスピード

サポートラインのひける「株価チャート」、記事が丸ごと読める「会社四季報」、市場の開いていない夜間でも取引できる「PTS取引」、株価や出来高がリアルタイムで更新される「ランキング」など多彩な機能を搭載。多機能でありながら、初心者にも操作はかんたん。

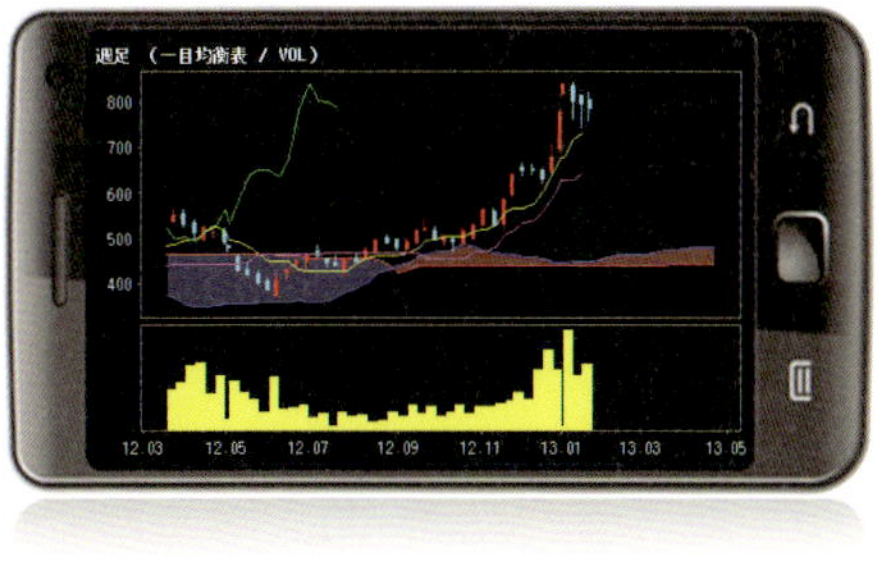

機能満載! タップ1つでかんたん注文

松井証券 株touch《タッチ》

「株touch」は、スマホやタブレットなど、タッチパネルを使った機器で使いやすいように開発された高機能アプリ。最短0秒で自動更新する「株価ボード」をはじめ、タップひとつで注文を出すことができる「スピード注文」などがある。

高機能リアルタイムトレーディングツール!

マネックス証券 マネックストレーダー

PC、スマホ、タブレットとあらゆる端末に対応し、各端末間で登録銘柄の共有が可能。板情報を見ながらダブルクリックでスピーディーに注文も出せる。自分仕様にカスタマイズもできるため、初心者からベテラントレーダーまで使いやすいツール。

アメリカ
No.1投資
マネージャー

賢人に学ぶ投資術 2

ピーター・リンチ

PROFILE 1944年生。大学で経営学修士を取得し、証券アナリストとして投資信託会社に入社。マゼラン・ファンドのマネージャーに就任後、13年の在職期間でおよそ2,000万ドルだった資産を140億ドルまでに増やしたことでその名を知られています。

誰もが株式市場を理解する知力を持っている。小学校5年生までの算数をやりとげていれば、あなたにも絶対できる。それは自分の知っているものに投資することだ。個人投資家はこのような視点があるから、ファンドマネージャーよりもお金を儲けることができる。

ココをマネる!

誰でも株式投資はできる

株式投資の基本はかんたんで、誰でも理解できるもの。流行に左右されず、自分のよく知っている企業に投資さえすれば、プロでなくても利益を得ることが可能です。

生涯、投資についてはなんら経験もなく、あるとき、突然のように退職金を受け取って、それを株式市場につぎ込むのだ。配当と弁当の区別もつかないのに。

ココをマネる!

勉強せずに株式投資してはいけない

「退職金（ボーナス）も出たし、株でもやってみるか」など、勉強もせずにお金を株につぎ込む初心者もいます。株をはじめるのであれば、株取引の基本事項は勉強しておきましょう。

株を買うということは子どもを養うのと同じで、世話を見ることができなくなるほど持ってはいけない。職業としない限りは、8～12社以上を十分に調査していくことは難しい。ポートフォリオには5銘柄を超えて保有してはいけない。

ココをマネる!

株は厳選して投資する

投資するには企業の調査が必要です。持ち株が多くなればチェックする情報も多くなり、情報収集を怠れば失敗するリスクもアップします。分散投資（➡P122）も大切ですが、はじめのうちは銘柄を厳選しましょう。

優良企業に投資しているのなら、時間はあなたの味方になる。我慢できるからである。

ココをマネる!

優良企業の投資に時間は関係ない

優良企業であれば、株価の上下にあせってすぐに売買せずとも、時間がたつにつれ株価は上昇していくはずです。まずは、よく調査し、優良企業を見つけましょう。

Part 3

今が買い？ 売り？
情報を分析する

「株価チャート」とよばれる、
株価の推移を表したグラフの読み方や、
「PER」「PBR」とよばれる
指標の使い方などを紹介します。
これらを確認し、比較することで
株価がどんな状態にあるかを
きちんと把握することができます。

チャートをチェックしよう

株価の動きはチャートでわかる

株の売買はタイミングがすべて。いかに安く買うか、高く売るかを、株価チャートでタイミングをはかることができます。

株価チャートとは、これまでの株価の動きをわかりやすくグラフであらわしたもの。これは過去のデータの集積によってつくられているので、現在の株価と比べて今はどの水準にあるのかを知るために役立ちます。

いくつかの基本知識とコツを押さえておけば、慣れてくるとさまざまな情報を読み取ることができる便利なツールです。

チャートを見ることができる場所はどこ？

チャートを使って売買のタイミングを見る方法を、**テクニカル分析**といいます。テクニカル分析には相場の方向性を分析するトレンド系と、相場の変化・転換を分析するオシレーター系といわれるふたつがありますが、初心者には、トレンド系がおすすめ。本書ではトレンド系チャートの見方を紹介します。

チャートを見れば株価の水準だけではなく、今現在その株は上昇中なのか下落中なのか、現在の状況がひと目でわかるようになっています。

株価チャートは、各証券会社のサイトをはじめ、「ヤフー！ファイナンス」や「ニフティマネー」、「ｍｓｎマネー」などの情報サイトでも見ることができます。重要な情報源としてぜひ活用してみましょう。

コレがわかる！

- ✓ 株売買のタイミングは株価チャートを見る。
- ✓ 株価チャートはローソク足と出来高から構成。
- ✓ 株価チャートは証券会社サイトなどで見る。

竹内先生 Advice

投資先を選ぶ場合、チャートは参考程度に！

株価チャートは“過去”の株価変動を示したもの。これだけで“未来”の株価変動を予測するのはむずかしいです。株価を決定づける要素は、やはり会社の業績。投資先を選ぶ場合は、参考程度にとどめましょう。

チャート（トレンド系）でこれがわかる！

※楽天証券の場合

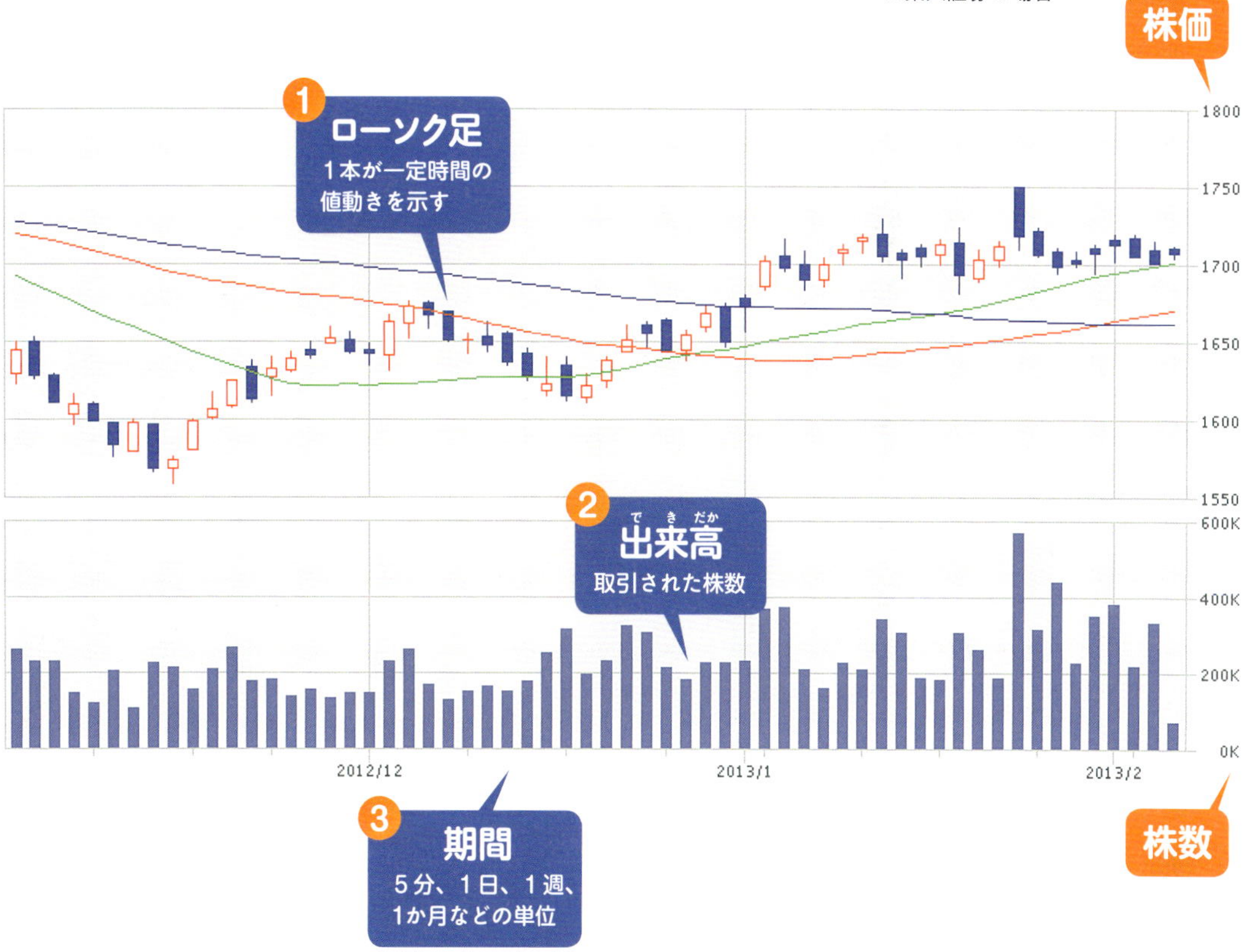
株価
1 ローソク足
1本が一定時間の
値動きを示す
1800
1750
1700
1650
1600
1550
2 出来高《できだか》
取引された株数
600K
400K
200K
0K
2012/12
2013/1
2013/2
3 期間
5分、1日、1週、
1か月などの単位
株数

3 期間

ローソク足1本の示す期間によって、株価チャートは変わります。ローソク足1本が1日分の「日足《ひあし》」、1週間分の「週足《しゅうあし》」、1か月分の「月足《つきあし》」チャートなどがあります。

2 出来高

ローソク足が折れ線グラフのように並んだ下に、取引された株数をあらわす出来高が棒グラフであらわされています。通常、出来高が多ければ取引が活発とされます。

1 ローソク足

始値《はじめね》、終値《おわりね》、高値《たかね》、安値《やすね》の4本値からなる株価の動きを、ローソクのような図形で表現したもの。陰線と陽線（➡P83）の2種類があります。

期間でチャートを使いわける

※楽天証券の場合

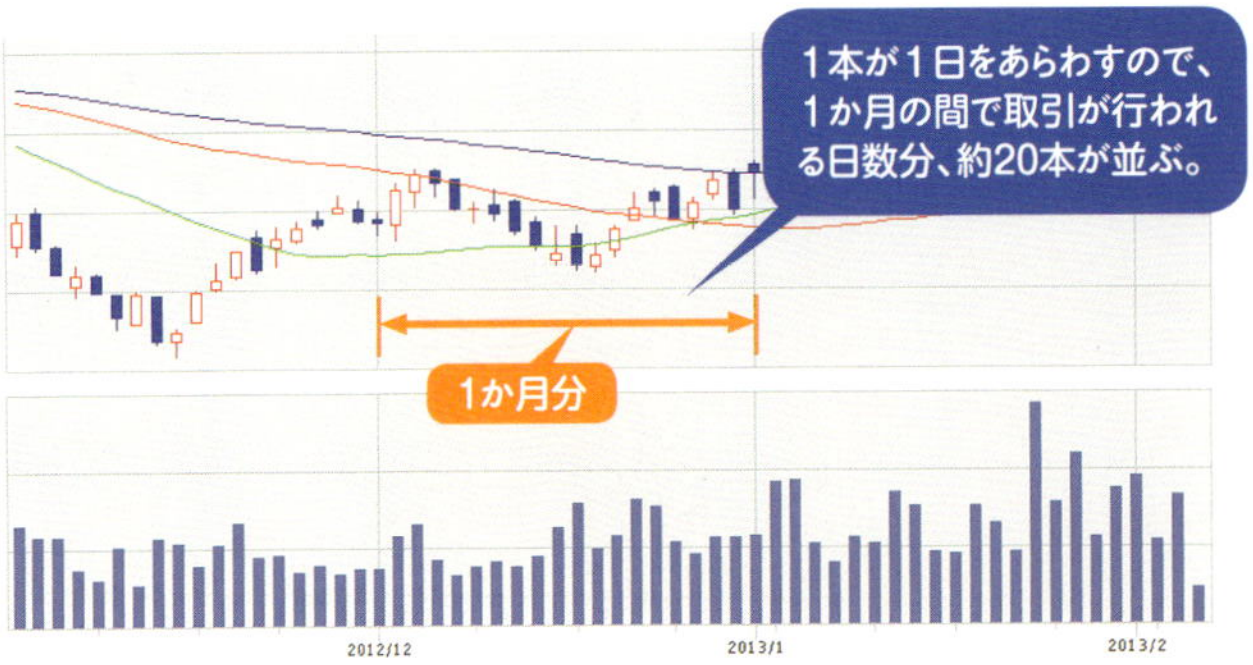
1本が1日をあらわすので、1か月の間で取引が行われる日数分、約20本が並ぶ。
1か月分
2012/12
2013/1
2013/2

日《ひ》足《あし》

ローソク1本が1日の値動きをあらわす。

こんなときに使う！

たいていは1～2か月など短期的な株価の動きを見るために利用します。

1本が1週をあらわすので、1か月で取引が行われる日数分、約4本が並ぶ。
1か月分
2012/4
2012/7
2012/10
2013/1

週《しゅう》足《あし》

ローソク1本が1週間の値動きをあらわす。

こんなときに使う！

たいていは数か月～1年など中長期的な株価の動きを見るために利用します。

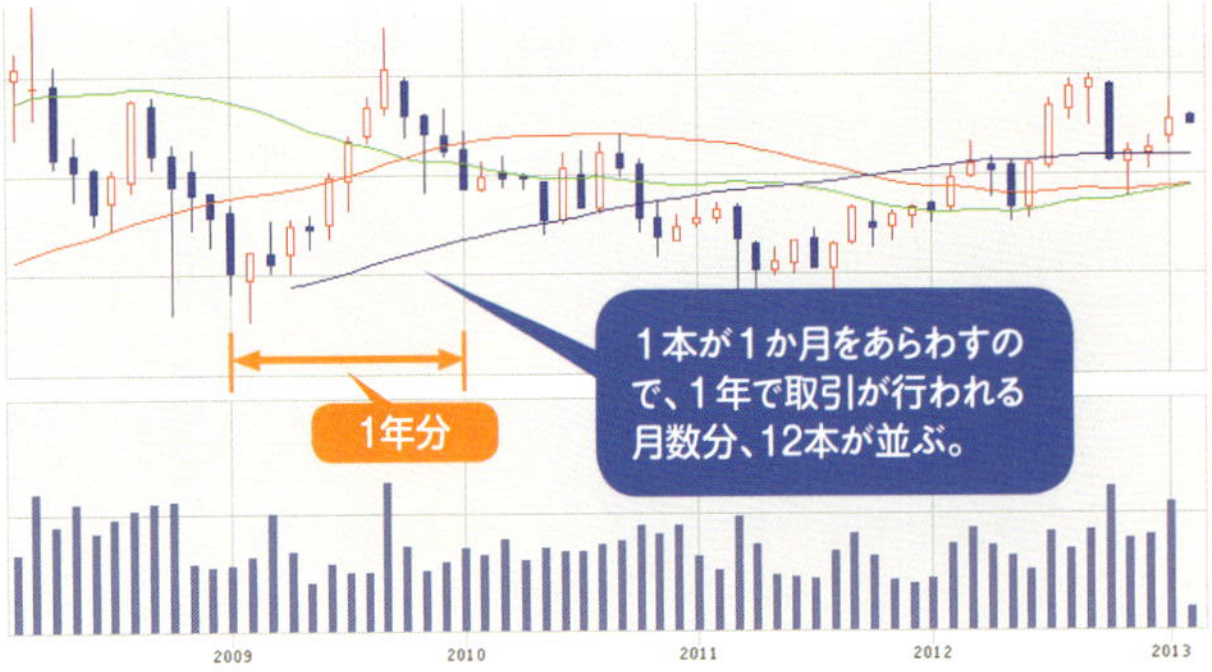
1本が1か月をあらわすので、1年で取引が行われる月数分、12本が並ぶ。
1年分
2009
2010
2011
2012
2013

月《つき》足《あし》

ローソク1本が1か月分の値動きをあらわす。

こんなときに使う！

たいていは数年単位など、長期的な株価の動きを見るために利用します。

株 コツ

Yahoo!のチャートは9つの期間をチェックできる！

Yahoo!ファイナンスで見ることができる株価チャートは、実に9パターンもの期間に変えて表示できます。また、移動平均線（➡P88）やさまざまな指標をチャート上に表示できるので、おすすめです。

ローソク足の構造

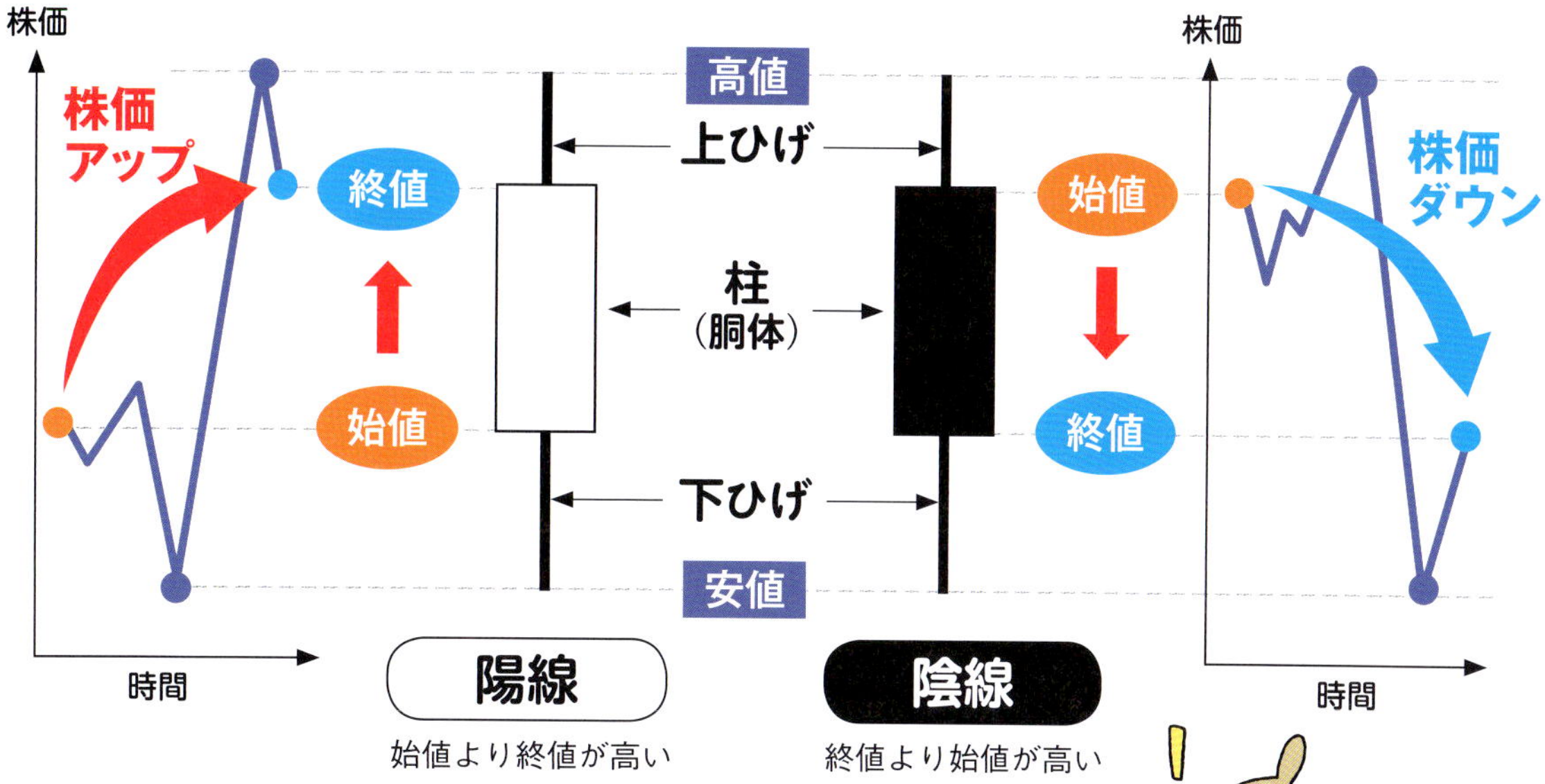
株価
株価アップ
時間
終値
始値
高値
上ひげ
柱（胴体）
下ひげ
安値
陽線
始値より終値が高い
陰線
終値より始値が高い
始値
終値
株価
株価ダウン
時間

これ１つで１日の株の動きがわかるんだね

４本値

始値（はじめね）
日足の場合は、その日の最初についた株価（寄り付き）。週足なら一週間の最初。

終値（おわりね）
日足の場合は、その日の最後についた株価（大引け）。週足なら一週間の最後。

高値（たかね）
日足の場合は、その日の一番高くついた株価。週足なら一週間で一番高い株価。

安値（やすね）
日足の場合は、その日の一番安くついた株価。週足なら一週間で一番安い株価。

ローソク足の見方を知ろう

ローソク足は始《はじめ》値《ね》、終《おわり》値《ね》、高《たか》値《ね》、安《やす》値《ね》の４本値と、上ひげと下ひげ、柱（白・黒）で構成されます（上図）。

チャートが日足の場合、**白い柱＝陽線は、市場が開いたときの始値よりも閉まるときの終値が高いときに、黒い柱＝陰線はその真逆で終値より始値が高いとき**に出るもの。上ひげの先が高値、下ひげの先が安値をあらわしています。

そのため、たとえば陰線の始値と高値が同じであれば、上ひげはありません。

3つのトレンドを見つけよう

ローソク足がつくる「トレンド」を見る

ここでは、ローソク足がつながった株価チャート全体を見ていきます。**陽線、陰線の上下のひげ、つまり高値と安値を線でつないだものを★サポートラインといい、**チャートはそのラインがある一定の動きをしていることがあります。

その線の流れ、ローソク足の重なりは株価の方向性をあらわし、その方向性をトレンドとよびます。トレンドは主に上昇、下降、ボックスの3種類。これらトレンドパターンを見つけて、売買のタイミングの判断材料のひとつとしてチャートを活用してみましょう。

チャートからトレンドを見つけよう

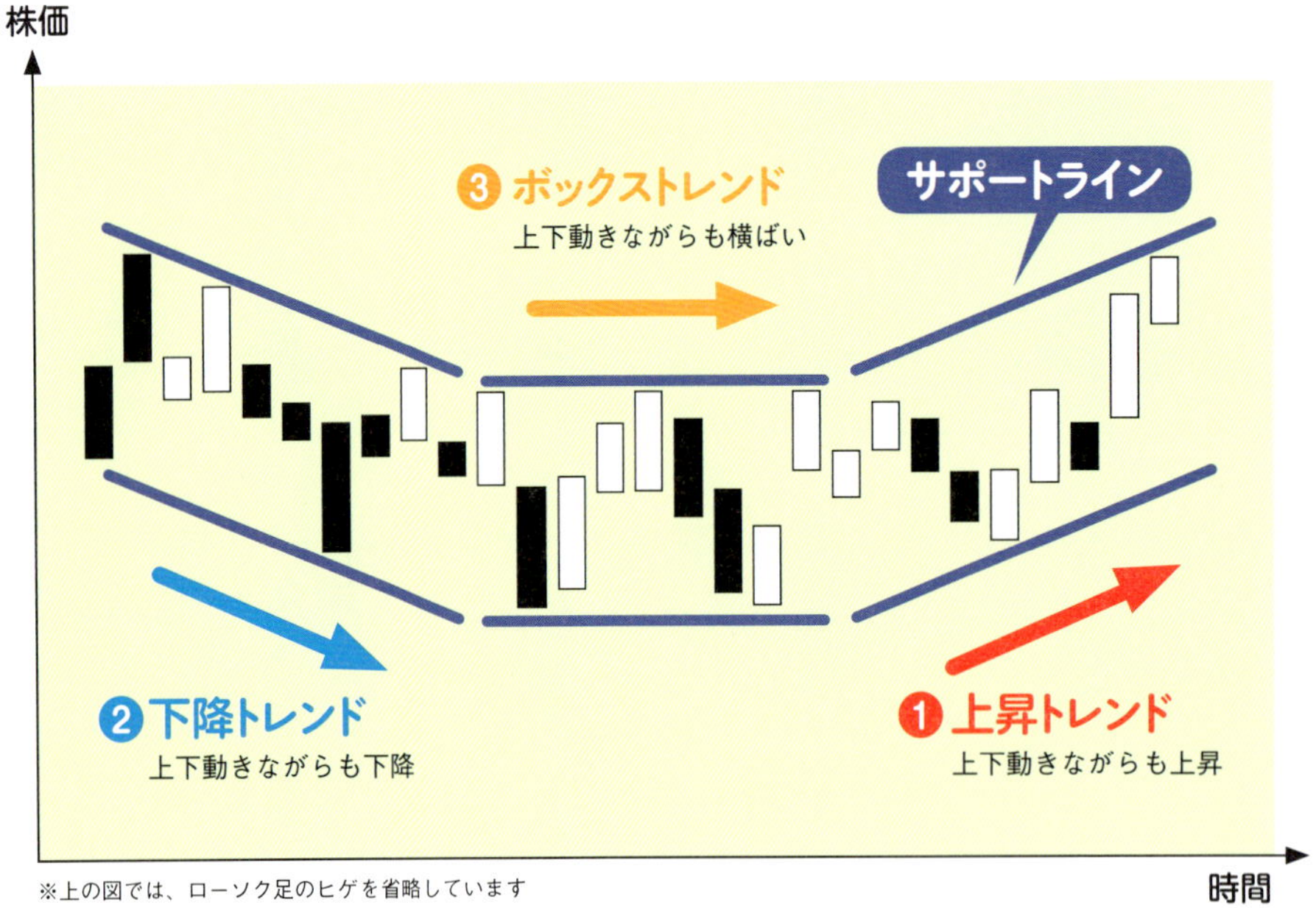

株価
③ ボックストレンド
上下動きながらも横ばい
サポートライン
② 下降トレンド
上下動きながらも下降
① 上昇トレンド
上下動きながらも上昇
時間

※上の図では、ローソク足のヒゲを省略しています

株 コツ

「転換点」を見つけろ!

下降トレンドからボックストレンドなど、トレンドが変化するときを「転換点」などと呼びます。ボックストレンドから上昇トレンドへの転換点が、買いの絶好ポイントといわれています。

コレがわかる!

- ✓ 株価の方向性をトレンドと呼ぶ。
- ✓ トレンドは上昇、下降、ボックスの3種類。
- ✓ 初心者は上昇トレンドを探す。

❶上昇トレンドを見てみよう

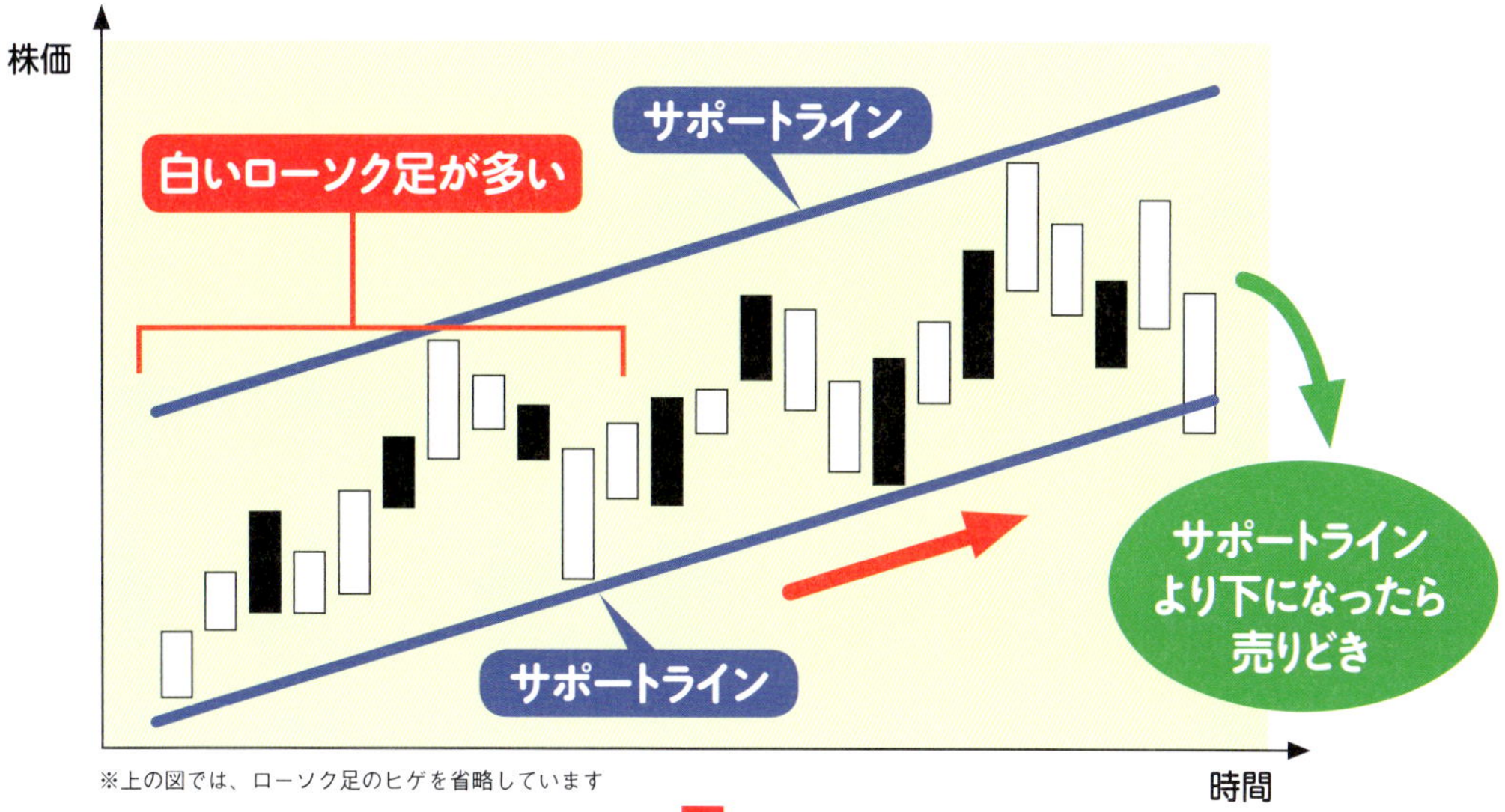

※上の図では、ローソク足のヒゲを省略しています

下がることもあるが全体的に右肩上がり

上昇トレンドは初心者にもオススメ

上昇トレンドが継続中、または上昇トレンドに転換しているときはチャートが右上がり。このまま上昇する傾向があり、株を買うべストタイミングです。また、一般的には株価が右上がりのとき、★サポートラインよりローソク足が下になれば売りどきです。

このような見方をテクニカル分析（➡P80）といいますが、この分析がすべてではないので、初心者はあくまでも参考程度に。

用語Check!

★**サポートライン**
（さぽーとらいん）

トレンドの形を形成するライン。陽線、陰線の上下のひげ、つまり高値と安値を線でつなぐと、上昇、下降、または並行に走るボックス、などの方向性を示します。

❷下降トレンドを見てみよう

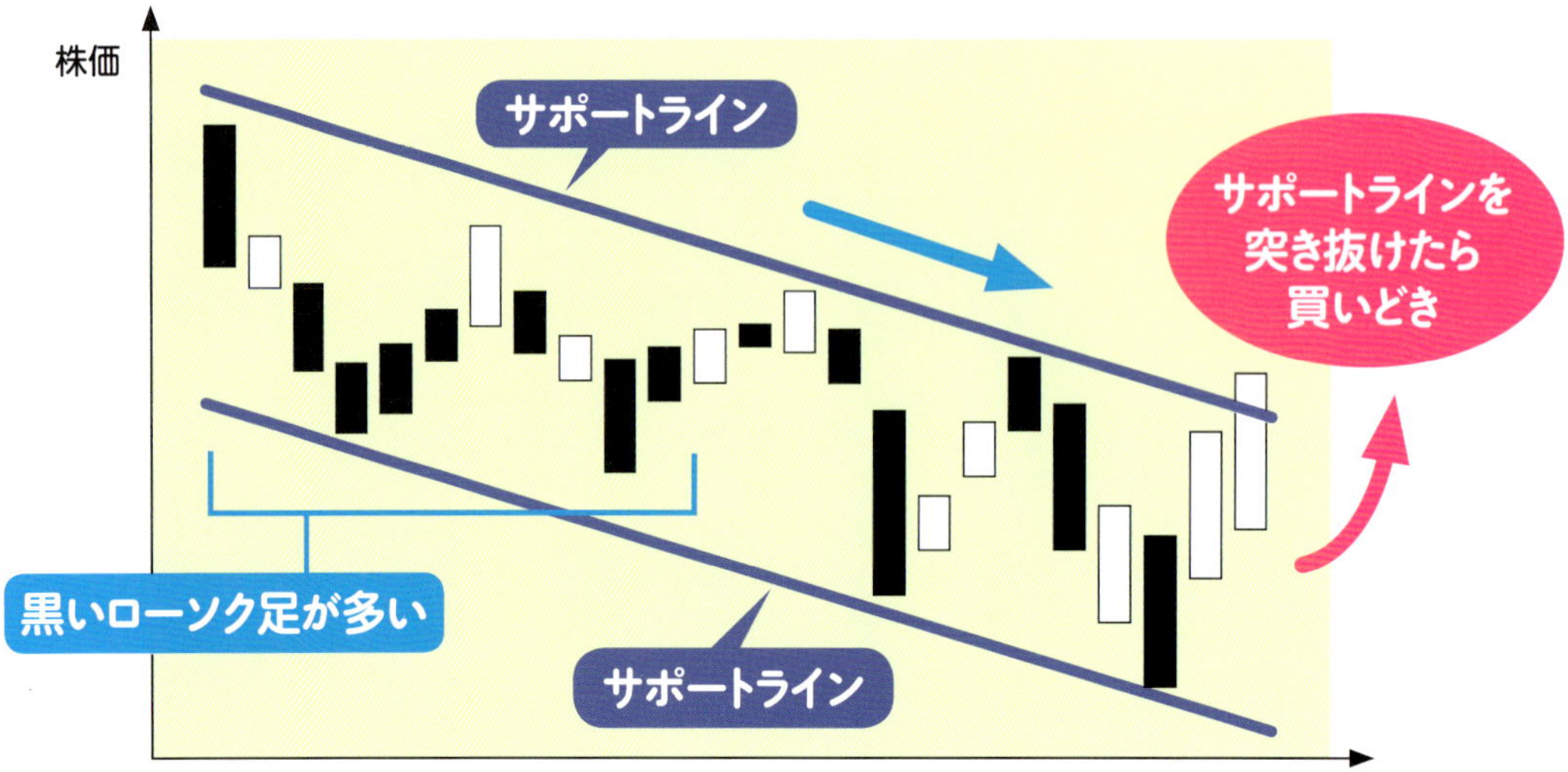

※上の図では、ローソク足のヒゲを省略しています

上がることもあるが全体的に右肩下がり

売りどきが難しい下降トレンド

下降トレンドは、買いたい人より売りたい人が多い状態が続いている方向性です。売りたい人より買いたい人が多い上昇トレンドの逆で、サポートラインが右下がりの形をつくります。そしてローソク足の柱が黒い陰線が多く並ぶのが特徴です。

この状態が続いているときには、企業が業績不振であるなど、悪い材料が出ていていることが多いです。この状態を見て、さらに人気が下がる現象も含まれています。「この時期に株を買っても、今後も株価が下がる可能性が高い」と考える人が多いためです。

また一般的には、株価が右下がりのときに**サポートラインより上に突き抜けるポイントが、買いどき**といわれています。

③ボックストレンドを見てみよう

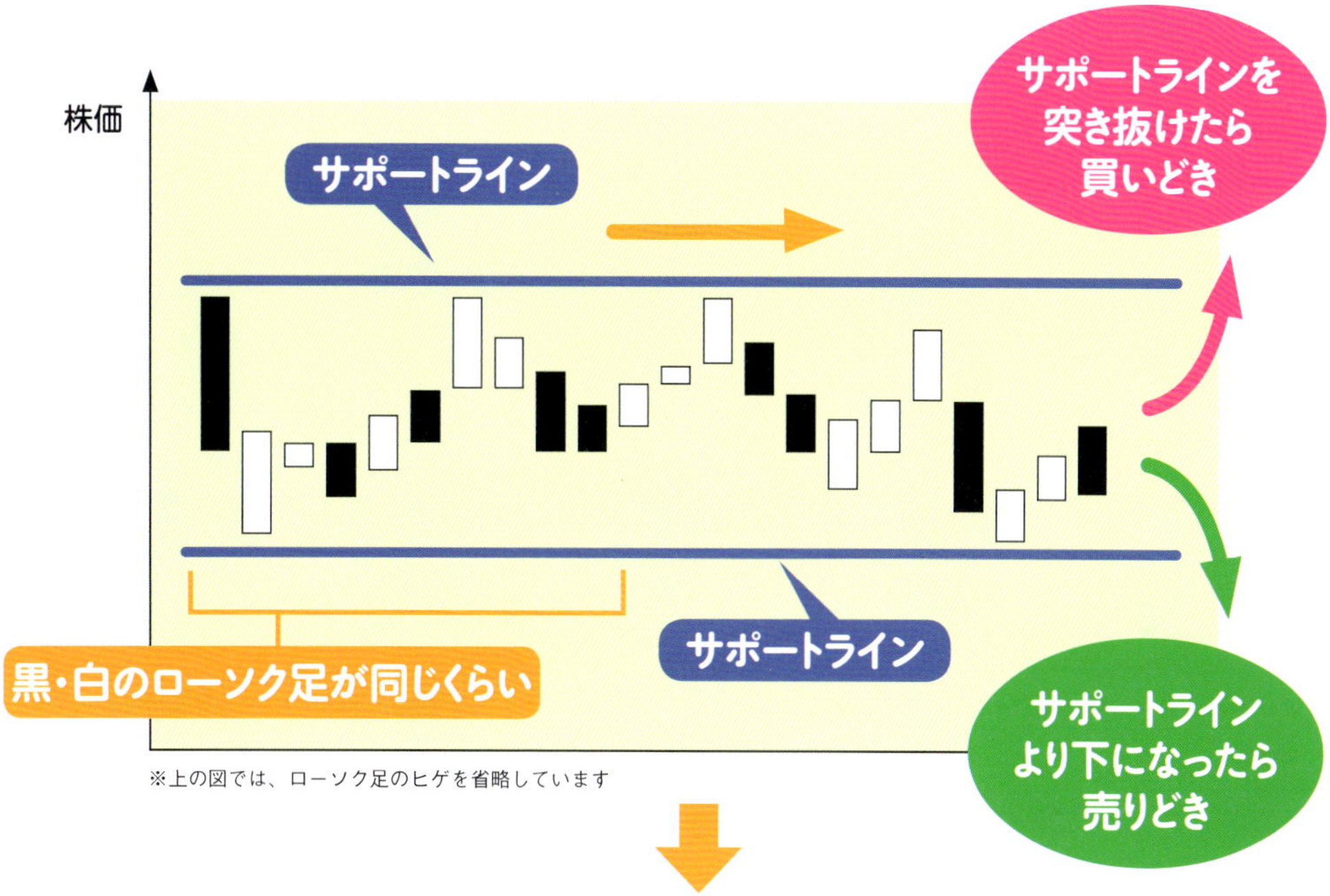
株価
サポートライン
サポートライン
黒・白のローソク足が同じくらい
サポートラインを突き抜けたら買いどき
サポートラインより下になったら売りどき

※上の図では、ローソク足のヒゲを省略しています

上下しているが全体的に横ばい

株価を動かすような情報に注意

ボックストレンドは、ある一定の値動きにとどまっていて、横ばいの動きが続く状態です。つまり出来高《できだか》（取引量）が少なく、人々の関心が集まらず不人気な状態をあらわしています。

そのような中でも、サポートラインの上または下へと突き抜けるときがあります。それは、株価を動かすような情報が出たとき。株の動きはダイナミックな側面があり、一度動き出すと大きく変動することがあります。その傾向が大きいのがボックストレンドなのです。

そのため、ボックス状態のときは注意して、経営状態や新情報などをキャッチする必要があります。「会社の価値が上がれば、株価も上がる」という原則（➡P112）を忘れてはいけません。

移動平均線でトレンドを見る

大まかな株価の方向性がわかる

株価チャートには、**移動平均線**という線が何本か出ることがあります。これは**過去の一定時期の終値の平均値を結んだ線**です。日々、細かく上下する値動きにとらわれずに、自分の投資したい期間に合わせて、**株価の大まかな動きを知ることができます**。

下図には、過去5日間の終値の平均値を示した5日移動平均線（短期）の他、25日移動平均線（中期）、75日移動平均線（長期）があります。期間が75日、200日など長期になるほど、線はなだらかになります。

移動平均線を見てみよう

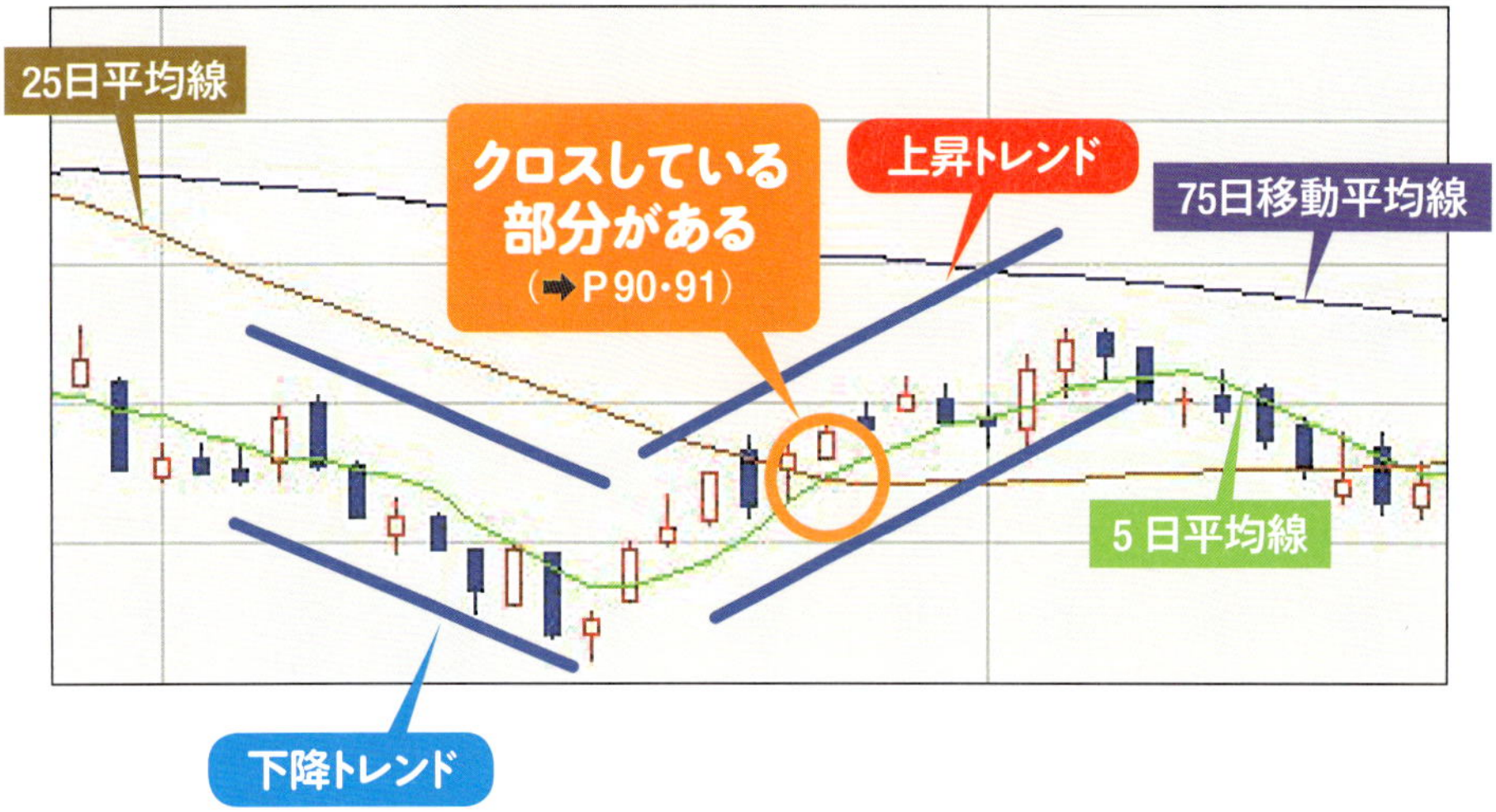

25日平均線
クロスしている部分がある
（➡P90・91）
上昇トレンド
75日移動平均線
5日平均線
下降トレンド

コレがわかる!

- 移動平均線でおおまかなトレンドがわかる。
- 株価を下支えする移動平均線を見つける。
- 移動平均線が交差するのに注目する。

株 コツ

Yahoo!の株価チャートは移動平均線が変えられる!

Yahoo!ファイナンスの移動平均線は25日、75日、13週など5種類。これを期間同様、自分で好きなものをチャート上に表示することができます。過去の株価の結果による情報ですがトレンドを把握する際にぜひ活用を。

買い方に合わせて移動平均線を見る

移動平均線は5日、25日以外にも、期間のとり方によってさまざまな期間の線があり、**基本的には自分の投資期間に合わせて線を使います。**

1日の間に売買をくり返すデイトレードを行うような場合、60分という超短期の線を使う投資家もいます。

長期投資の場合には13週の移動平均線をめどにすることが多いといわれます。

ただし、初心者の場合は、一般的な5日、25日期間がおすすめです。まずはこの2本で、どのような形を描いているか、上昇傾向か下降傾向かなどを見てみましょう。

移動平均線もローソクと同様、過去の情報をつないだもの。あくまでも参考のひとつにしよう
フムフム

移動平均線が描く形を見てみる

移動平均線はさまざまな一定期間の平均株価を結んで、線を描きます。そのため、**5日と25日とでは移動平均線の形は変わり、それが描く形の違いによって読める情報があります。**

たとえば、5日線と25日線のうち、上昇トレンドをあらわしているときには期間の短い5日線が上で、期間の長い25日線が下になります。逆に下降トレンドでは5日線が下で、25日線が上になります。両方の線が同じにようになる場合もあり、また、トレンドが変わるときには5日線が25日線を下回ったり、上回ったりなど移動平均線は交差することもあります。

交差した形によって起こりやすい傾向を、次のページから紹介します。

「ゴールデンクロス」を見てみよう

ゴールデンクロス
株価上昇が続くであろう、買いポイントの目安
5日平均線
25日平均線

一般的に買いのタイミング

株価の上昇が見込めるゴールデンクロス

買いと売りのタイミングは、2本の移動平均線の交差にあります。上図のように**25日線を5日線が下から上へと突き抜けるポイント**に注目してください。

このポイントは**ゴールデンクロス**といわれ、買いの目安とされています。ゴールデンクロスがあらわれる直前に買うのがベストといわれていますが、「だまし」の場合があるなど、初心者はリスクをともなうので、クロス以降に買うとよいでしょう。

用語Check!

★**だまし**（だまし）

移動平均線は交差直前が儲けの狙い目ですが、「そうなる可能性が高い」というだけで、交差しないこともあります。このように、上昇の兆候が誤りであった場合を「だまし」といいます。

「デッドクロス」を見てみよう

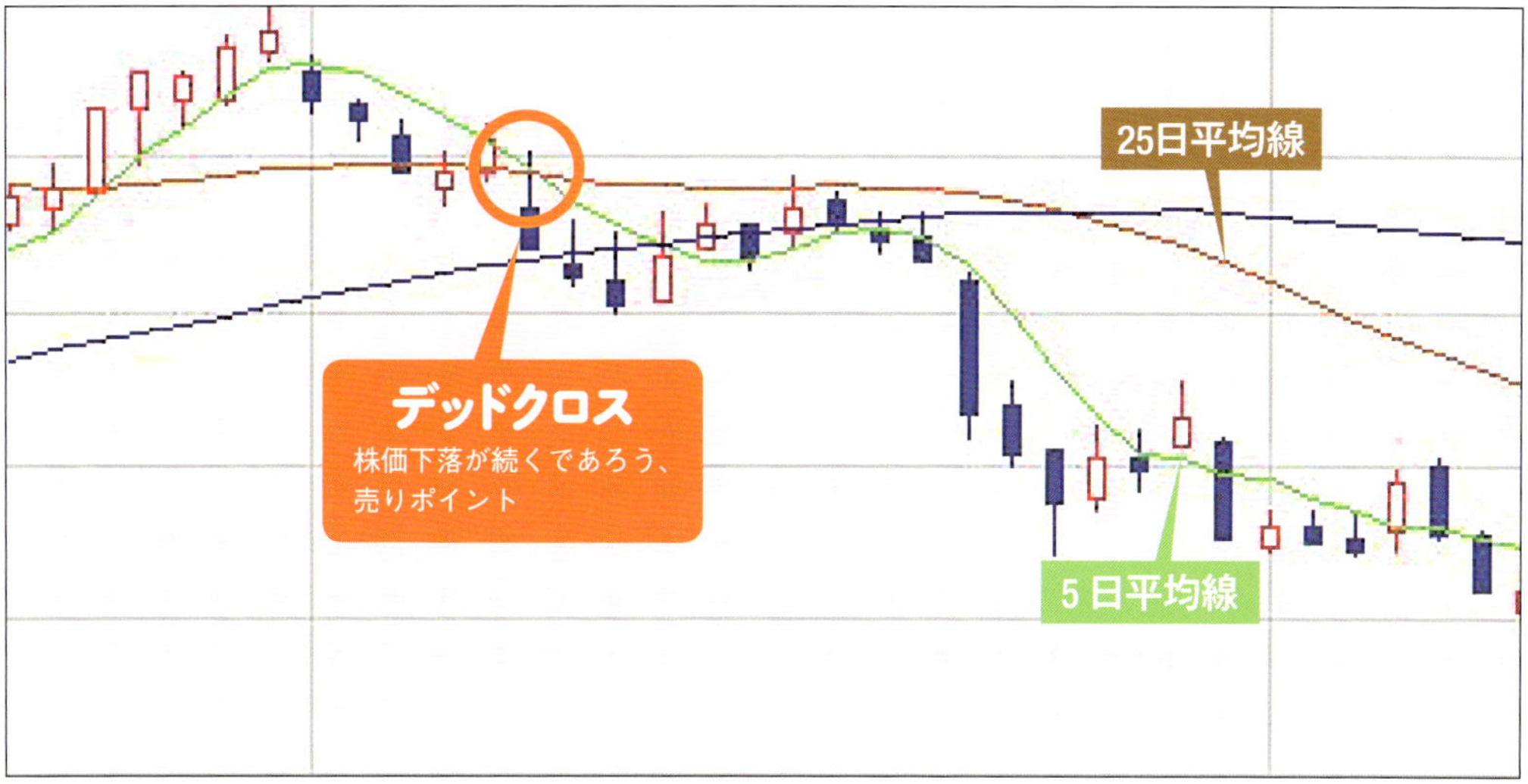
25日平均線
デッドクロス
株価下落が続くであろう、
売りポイント
5日平均線

一般的に売りのタイミング

株価の下落が考えられるデッドクロス

今度は、上図の25日線を5日線が上から下へと突き抜けるポイントに注目してください。

このポイントはゴールデンクロスに対してデッドクロスといわれ、売りの目安とされています。この先、長期にわたり株価の下降が予測されます。

さらに、25日線が5日線ともに下降している場合は下落の確率が上がるので、早めに売って、損失を最小限にするとよいでしょう。

デッドクロスは売りの
タイミングをはかる、
一般的な見方のひとつ。
損を少なくしたいときに、
参考にしてみよう

出《で》来《き》高《だか》で相場の勢いを見る

チャートにある棒グラフが出来高

株価チャートに示される要素のひとつに、**出来高《できだか》**があります。出来高はチャートの下部分にある棒グラフのことで、取引量をあらわしており、**売買高**とも呼ばれます。買い注文と売り注文が、それぞれ２０００株ずつあり、すべてが成立すると出来高は２０００株となります。

出来高は相場の勢いを見るために利用される指標です。たとえば、その銘柄に投資家の関心が集まり人気があるか、市場が活発に動いているかなどの判断材料のひとつとなります。

出来高を見てみよう

出来高が増加したあとに、株価が上がることが多い
出来高
売買が成立した株数
2012/7
2012/8
2012/9
2012/10
2012/11
2012/12

コレが**わかる!**

- ✔ 出来高の棒グラフは取引量を示す。
- ✔ 出来高は投資家の人気度をあらわしている。
- ✔ 出来高が増えると株価は上がる傾向。

株コツ

もみあい後の出来高急増で上昇トレンドへ

株価の動きも乏しく、ほとんど出来高もないときに「今期の業績は伸びるのでは」などの情報が入ると出来高は増え、上昇トレンドへと突入することが。動きの乏しい株の場合、情報に注意しなければなりません。

出来高と株価を見てみよう

上昇トレンド
2012/7
2012/8
2012/9
2012/10

出来高が増加し、株価も上昇する

相場が強い

投資家の期待感が出来高を押し上げているんだね

「今後は成長が続きそうだ」「新規事業が伸びそうだ」と会社に対して投資家の期待感が高まり、その株を買いたい人が増える状態。

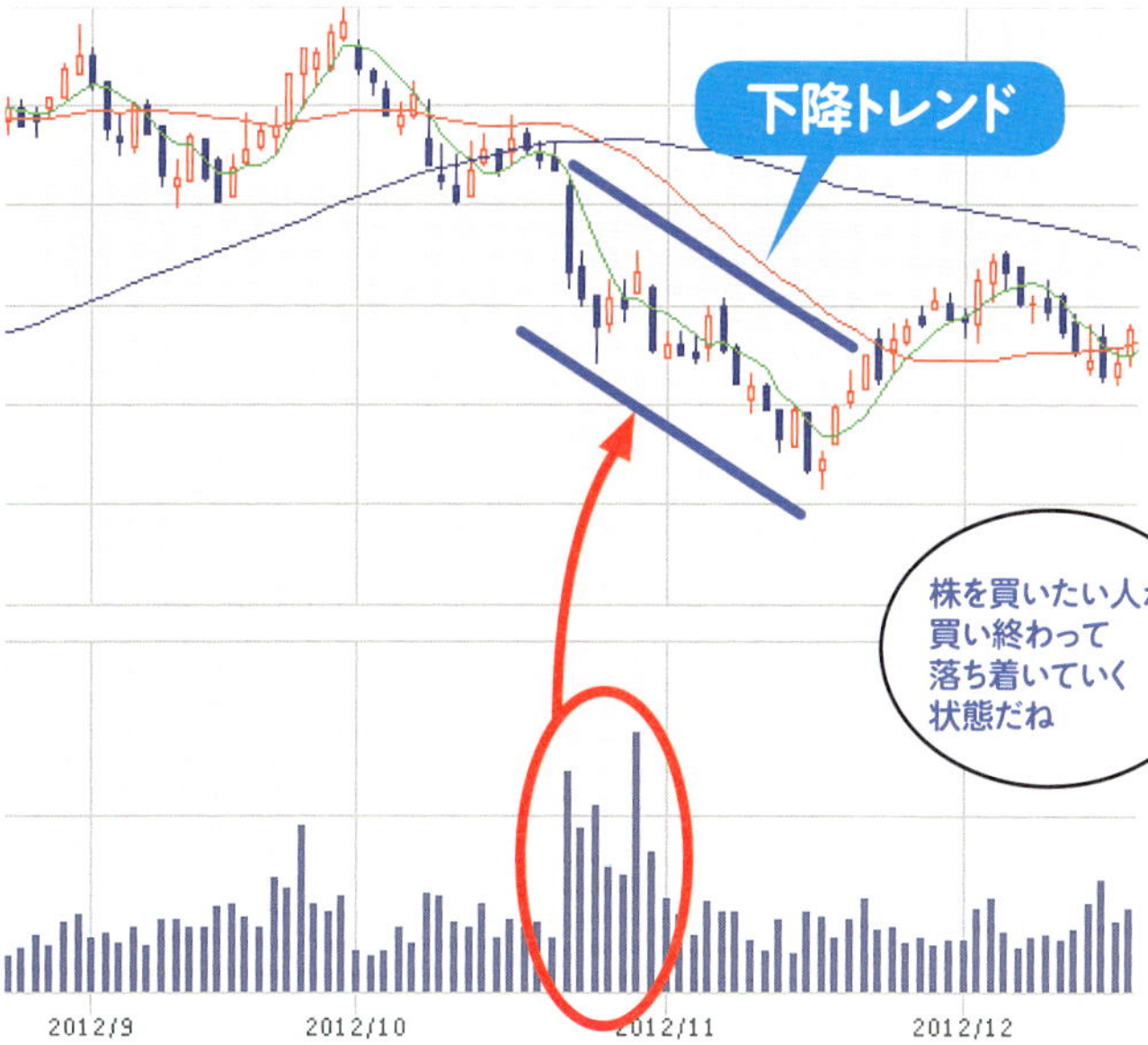
下降トレンド
2012/9
2012/10
2012/11
2012/12

出来高が増加したが、株価が下落する

相場が弱い

株を買いたい人が買い終わって落ち着いていく状態だね

「この株を買いたい」という人が増え出来高がクライマックスを迎えたあと、そこが天井となってあとは買う人が減り下落する状態。

おトク（割安）な株を見つけるには？

株価だけでなく「品質」も調べよう

ここでは、株をおトクに買うためのポイントを見てみましょう。**株は割安な状態で買うに限ります。**これを**バリュー投資**といい、**企業の本来の価値（株価）に比べて、安く株を買うことです。**

たとえば、普段100円で売られているニンジンが、同じ品質で半額ならおトク（割安）といえますが、品質が悪いとおトクとはいえません。同様に株も、単純に価格が下がったから割安とはいい切れず、業績と比べなければいけません。株価の割安度は、企業の価値と比べることが条件です。

割安な株

いつもは120円で評価されている、業績順調な優良企業の株が、100円以下ならお買い得。その企業がまだ成長する余力を持っていればさらに割安です。

品質がいい割におトクだわ!
にんじん
100円

これを選ぼう！

価値相応の株

いつもは100円で評価されている企業の株が、業績不振によって80円に下がった場合は、価値相応。割安でも、割高でもない状態です。

安いけどこの品質じゃ当然ね
にんじん
80円

割高な株

普段100円で評価されている企業が、業績は変わらないのに100円以上になったのなら割高。その企業の価値以上に、株価が上がってしまっている状態です。

品質はいいけどこの値段じゃ…
にんじん
150円

知っ得

個人投資家は「バリュー投資」がオススメ

上記でも紹介した、企業価値を見極め、その価値に投資を行う「バリュー投資」。個人投資家に人気があります。その理由は、株価変動に惑わされず、腰を落ち着けて投資ができることにあります。

コレがわかる！

- ✓ 株は、値段だけではなく品質で選ぶ。
- ✓ 割安な株を見つけてバリュー投資を。
- ✓ いろいろな指標を使い株の割安度を測る。

企業の価値は利益と資産で見る

株価の品質とは、企業の価値のことです。**株の価格は企業の価値と合わせて考えるのがルールです。**企業の価値を支えているのは大きく、利益と資産のふたつです。企業は、利益を得るために物やサービスを売るなどの活動によって、稼いだ利益を資産という形で貯めています。**経営状態がよく、利益も資産も多い企業の価値は、高くなります。**

さまざまな方法で「割安度」をはかる

株は、よいものをできるだけ割安で買うことができれば、値下がりのリスクを抑えることができ、また値上がり幅も大きく期待できます。ですから、値段から見た割安度を測ることが大切です。

株取引における、株の割安度を測る方法はさまざまです。まず、**会社の価値をつくる利益と資産をもとにして計算するＰＥＲ**（➡Ｐ96）、**ＰＢＲ**（➡Ｐ98）という指標があります。これらは、**利益または資産と株価の関係をあらわしたもの**です。

もうひとつは、会社が株主へ出す、配当から見る方法です。それは配当利回り（➡Ｐ１０２）という考え方で、**もらえる配当金が、投資した金額に対してトクかを調べるための指標**です。

株価とは必ずしも、適正な価格で存在しないため、割安株や割高株が生まれてきます。割安状態の株を発見して投資する、バリュー投資にチャレンジしてみましょう。

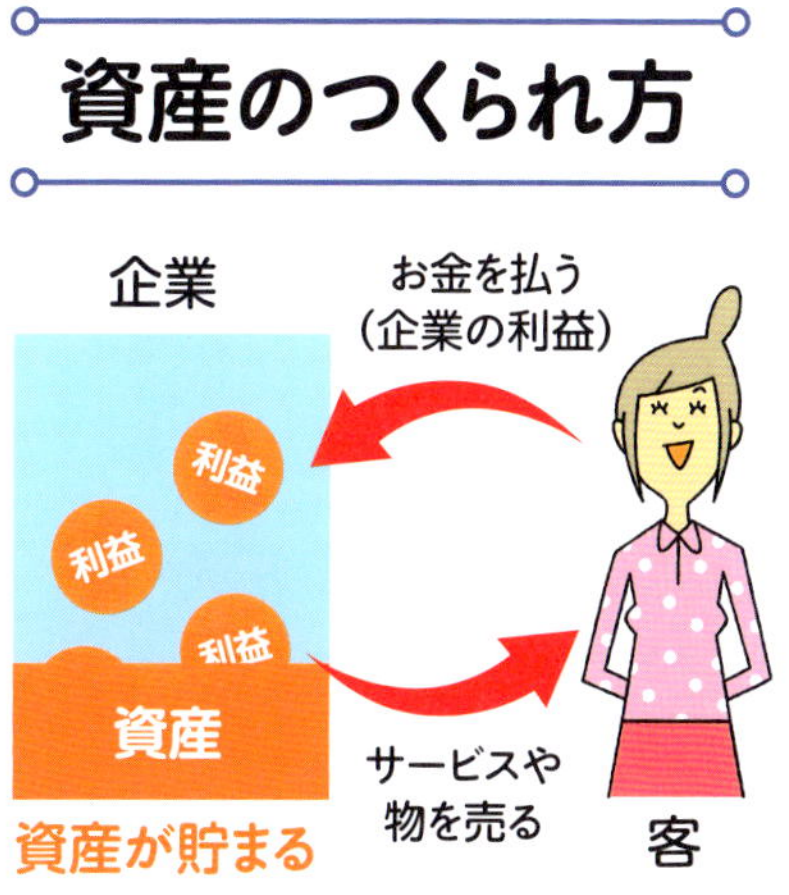
資産のつくられ方
企業
お金を払う
（企業の利益）
利益
利益
利益
資産
資産が貯まる
サービスや
物を売る
客

つまり株価は
割安！
利益や資産
が多い
株価
利益
資産
これらが
はかりとなる！
PER（➡P96）
PBR（➡P98）
配当利回り（➡P102）

利益から株価の割安度を見る（PER）

何年で株の値段を回収できる？

買おうとする株の価格は安いのか、高いのか。単に株価だけを見比べてもそれはわかりません。そのため、業績のよい割安株を見つけるためによく使われる指標があります。

そのひとつがＰＥＲ（株価収益率）です。１株あたりの利益に対して何倍まで買われているか、現在の利益が続くと何年で投資したお金を回収できるかが、計算式でわかります。

株価を1株あたりの利益で割って求め、数字が低いほど割安度は高くなります（⬇下図）。

PER（Price Earning Ratio）を計算してみよう

B社
株価……1,000円
利益……1,000円
発行済株式…10株

どっちが割安か
PERを見てみよう

A社
株価………500円
利益………500円
発行済株式…20株

PER＝株価÷1株あたりの利益
（1株あたりの利益＝利益÷発行済株式）

割安

B社のPER
10倍
1000÷100=10
（1000÷10=100）

A社の株価の方が安いけど
割安なのはB社！

A社のPER
20倍
500÷25=20
（500÷20=25）

株コツ　他の指標も参考にしよう

PERは使いやすい指標ですが、PERだけで会社のよしあしはわかりません。P96以降で紹介するような、いくつかの他の指標も参考にして総合的に判断することが必要です。

コレがわかる！

- ✓ 株価の割安度をPERで測る。
- ✓ PERの数値が低いほど、割安度は高い。
- ✓ PERの数値が高すぎる株には手を出さない。

PERが割安なのは15倍程度

PERは、株価が1株あたりの利益に対し、何倍まで買われているかを指したもの。いいかえると、現在の利益が続くと想定し、何年でその資金が回収できるかということです。計算した結果、もし20倍であればおおよそ20年で投資資金を回収できるという意味になります。

では、何倍以下が割安ラインなのでしょうか。その基準は、業界では**15倍程度**といわれています。15倍で考えると、投資額に対して戻ってくる金額は、年間6・6％（100÷15）となり、6％以上の利回りを期待できます。つまり、今の業績をこの先も維持できるとすると「PER15倍以下ならお買い得」というわけです。

PERは、利益が増えた場合、株価が下がった場合、どちらも下がり、割安になります。その計算は左の図のようになります。

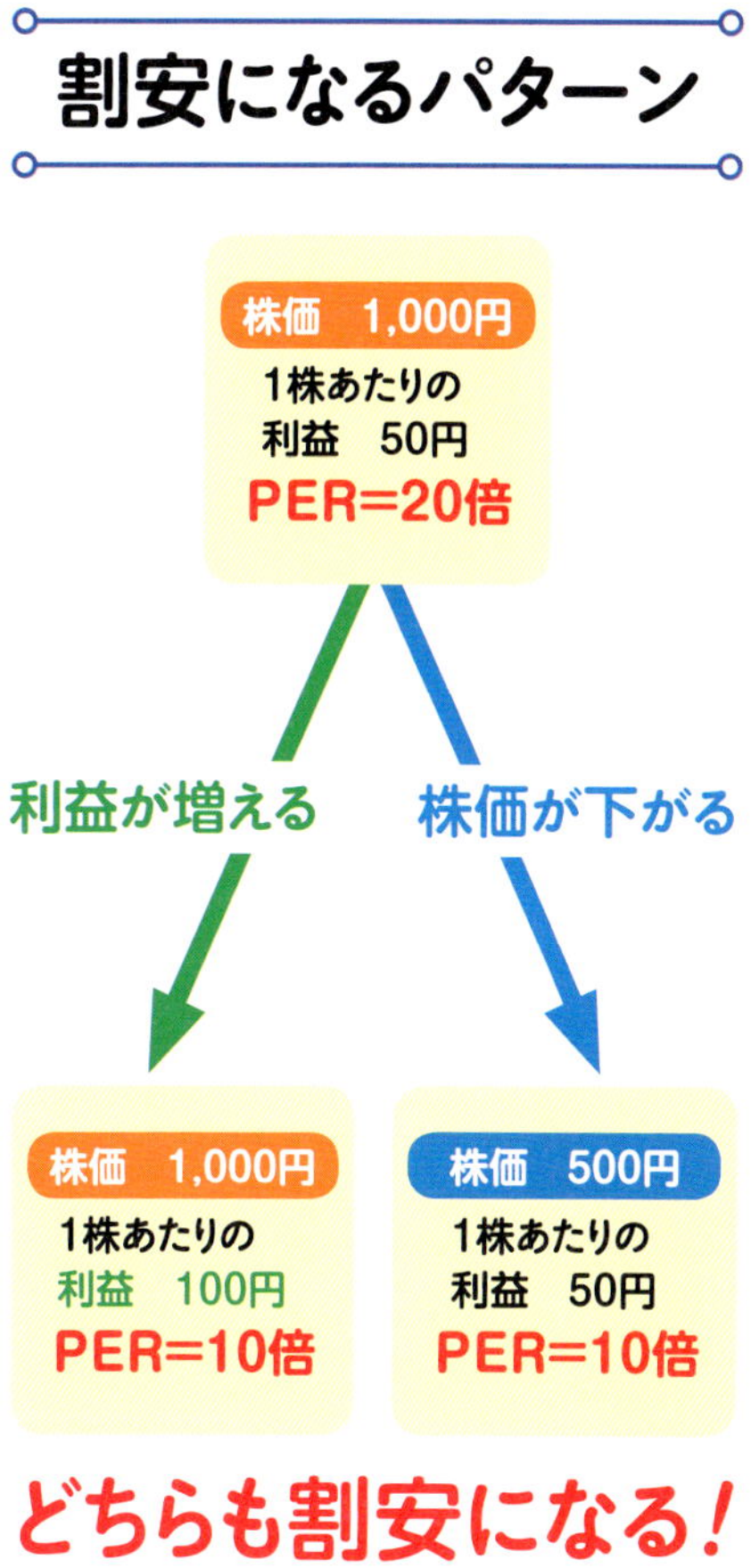

割安になるパターン

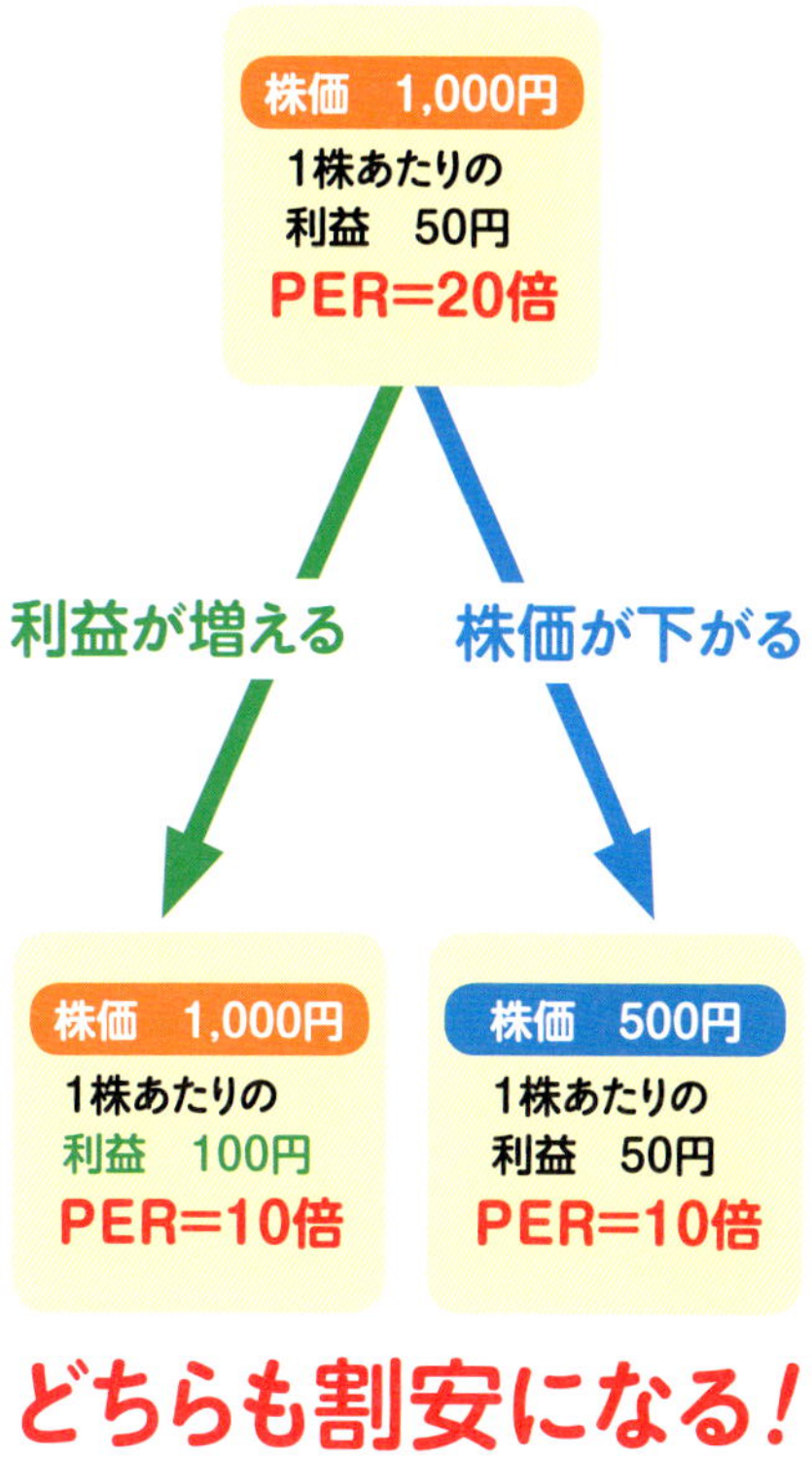
株価　1,000円
1株あたりの
利益　50円
PER=20倍
利益が増える
株価が下がる
株価　1,000円
1株あたりの
利益　100円
PER=10倍
株価　500円
1株あたりの
利益　50円
PER=10倍
どちらも割安になる！

PERが高い株は避けるのが無難

会社の利益の割に株価が高く、PERが40倍や100倍という株も市場では珍しくはありません。PERは投資家の期待のバロメーターでもあり、それだけ話題性や、成長性が認められて人気が集中しているということです。

しかし、期待だけが先行し、会社の成長が止まってしまうと、投資家たちは期待感の過熱に気づき、株は割高と判断されて急落します。**そのため、PERが高すぎる株は手を出さないほうがよいでしょう。**

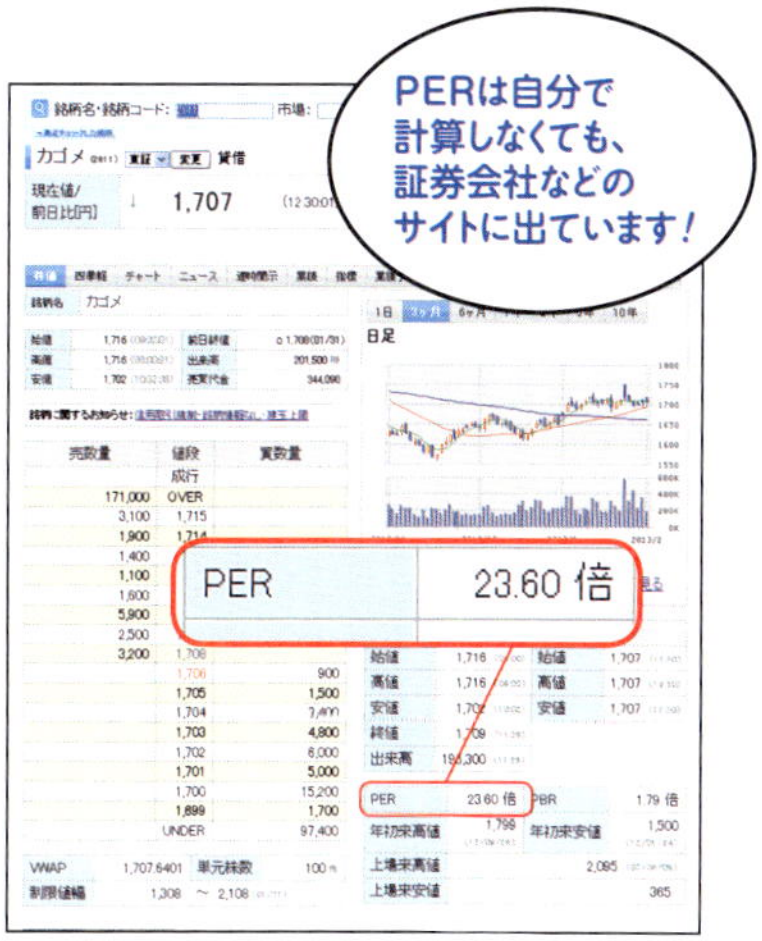
PERは自分で
計算しなくても、
証券会社などの
サイトに出ています！
PER
23.60 倍

資産から株価の割安度を見る（PBR）

企業が解散すると残る資産は？

企業の価値とは、利益と資産です。この両方を株価と比べることで、株の割安度はわかりやすくなります。前ページでは、利益と比べた指標PERを紹介しましたが、ここでは、資産から見た割安度を測る計算式、**PBR（株価純資産倍率）**を見てみましょう。

PBRとは、仮に企業が解散したときの株主の取り分、つまり会社の解散価値を示します。計算式は、株価÷1株当たりの純資産（総資産－負債）です。PBR＝1倍が評価基準で、1倍以下なら、割安といえるでしょう。

PBR（Price Book-Value Ratio）の評価方法

PBR（倍）＝株価÷1株あたりの純資産
（1株あたりの純資産＝純資産÷発行済株式）

PBR<1倍
企業の解散価値より、株価が低い状態。仮に解散したら、投資した金額以上が戻ってくる。
割安
…
実際より低い評価

PBR＝1倍
企業の解散価値と株価が同じ。仮に解散しても、投資した金額は戻ってくる。
…
ちょうどよい評価

PBR>1倍
企業の解散価値よりも、株価が高い。仮に解散したら、投資した金額以下になり損が出る。
…
実際より高い評価

知っ得

PBR1倍以下は実は珍しくない
2014年4月現在、PBRが1倍以下の株は数多くあります。これが意味することは、低PBRの株が「人気のないまま放置されている」ということ。資産が多くても、成長力がなければ評価されにくいのです。

コレがわかる！
- ✓ 株価の割安度はPBRで測れる。
- ✓ PBR数値1倍未満は買いのチャンス。
- ✓ PBRが1倍未満でも業績不振なら買わない。

PBRが割安なのは1倍以下

PBRが1倍以下なら、資産から見た割安度がかなり高いといえ、株価以上の金額が戻ってくることになります。ただし、これは理論上のことであり、純資産の帳簿上の評価額と、実際の時価で評価する場合とでは、差額が出る可能性があります。それも含めて判断の目安にするとよいでしょう。

また、PERと同様、PBRは低ければ低いほど株価が割安であるといえます。**PBRは、株価が下がればPBRも下がり、純資産が増えてもPBRが下がります。**その計算は左図のようになります。

PBRなどの指標を利用するにあたって大切なのは、複数の指標を利用して、総合的に判断することです。たとえば、不況時にはどの企業も利益が出しにくくなります。その場合、PERだけでは参考になりにくいため、PBRが役に立つといった具合です。

割安になるパターン

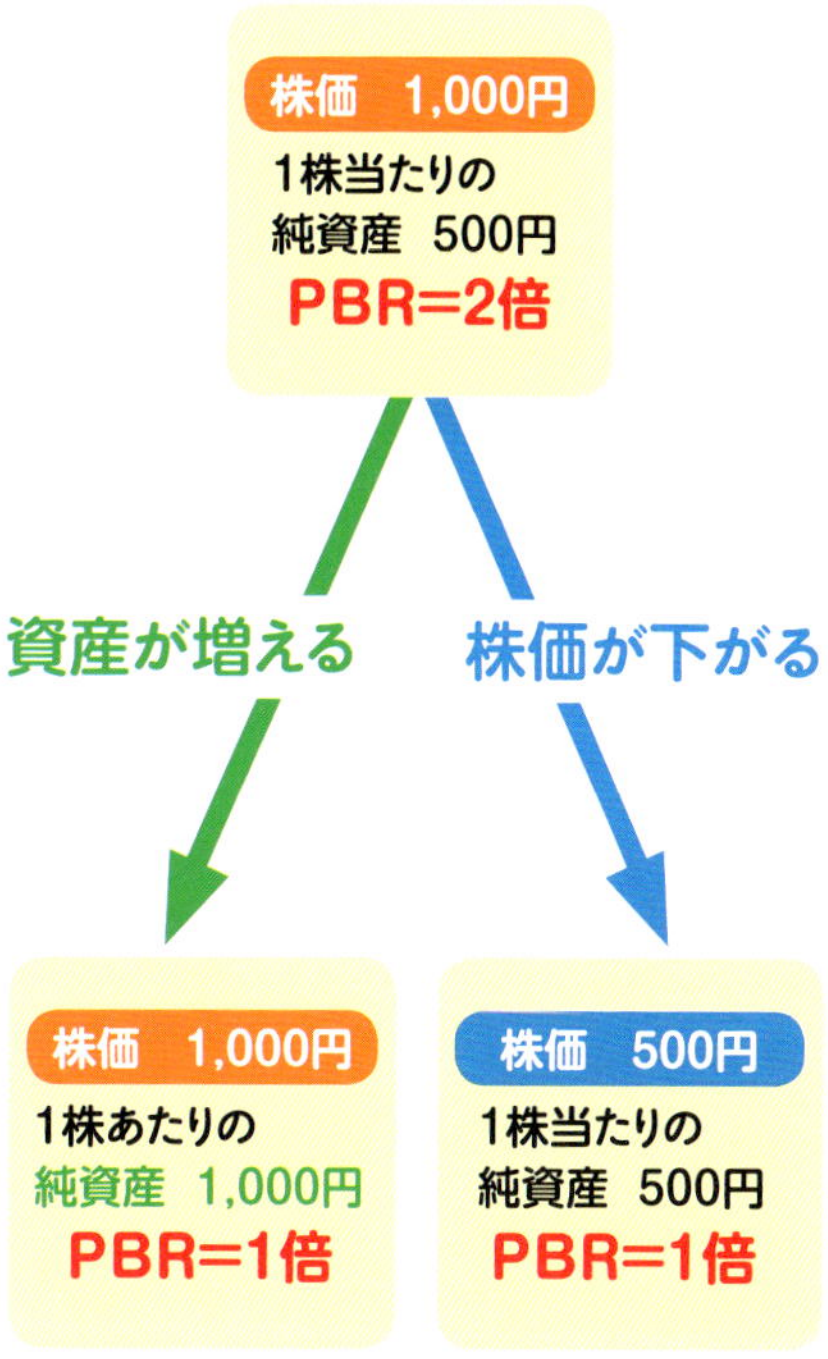
株価　1,000円
1株当たりの
純資産　500円
PBR=2倍
資産が増える
株価が下がる
株価　1,000円
1株あたりの
純資産　1,000円
PBR=1倍
株価　500円
1株当たりの
純資産　500円
PBR=1倍

どちらも割安になる！

PBRが1倍以下でも注意！

優良企業のPBRが1倍未満の株は、買いのチャンス。成長が期待できる企業が1倍を切る理由は、その時期だけ調子が悪い、市場全体の下落につられているなどです。その後に再評価され、株価が上がる可能性が大きいのです。

ただし、PBRが1倍未満の株であっても、**赤字を抱えている、将来的に赤字になりそう、成長が見込めないなどの企業の株には要注意。**そのような企業は、1倍未満でも買いとはいえません。

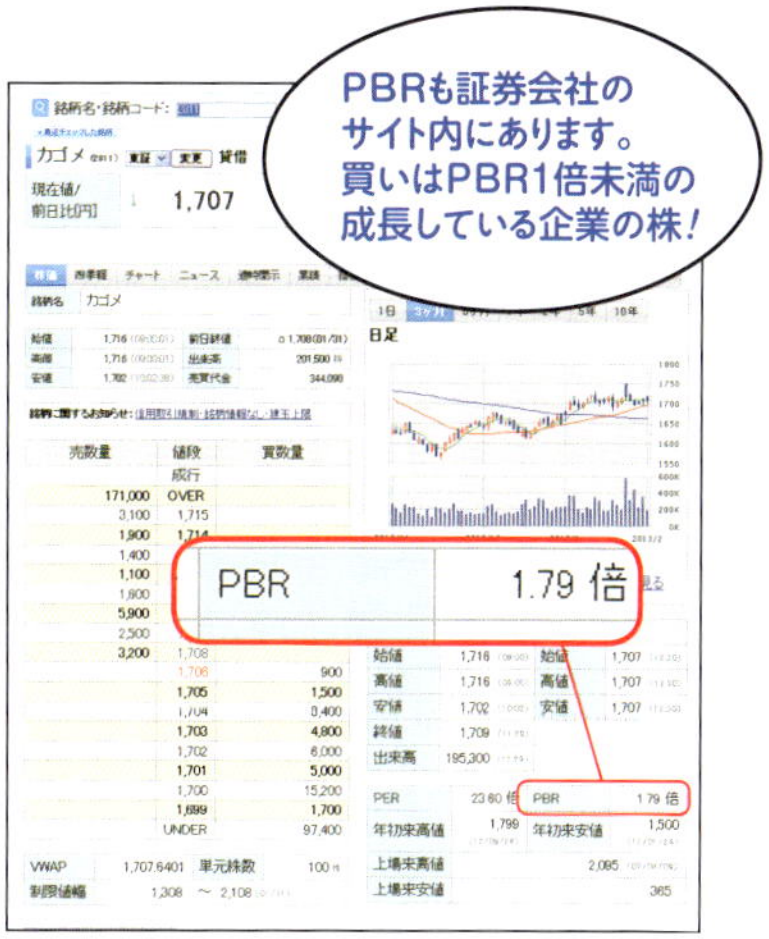
PBRも証券会社のサイト内にあります。
買いはPBR1倍未満の成長している企業の株！
カゴメ
1,707
PBR
1.79 倍

さまざまな角度で会社をチェックしよう

割安以外の視点で会社の優劣が変わる

PER、PBRが低いと、資産や利益から見て株価は割安になります。しかし、この数値だけを見て必ず儲けを得ることができるのかといえば、そうではありません。たとえば「資産の効率性」や「売上高から見た利益率」から見てみましょう。下図のように利益が同じA社、B社をこの2つの角度から考えると、どちらが効率よく利益を出しているかがわかります。

　このように、PER、PBR以外の情報も加えて、多角的に企業の優劣を判断していかなければなりません。

PER・PBRではわからない会社内容

売上高から見た利益率をチェック！

	A社		B社
売上高	10億		20億
↓	利益 1億	＝（同じ）	利益 1億

利益率がよいのはA社！

A社は売上高が10億円、B社は売上高が20億円で、両社の利益はそれぞれ1億円。利益率が高いのは、B社よりも少ない売上高で同じ利益を出しているA社です。

資産の効率性をチェック！

	A社		B社
資産	100億		10億
↓	利益 1億	＝（同じ）	利益 1億

効率がよいのはB社！

A社は資産が100億円、B社は資産が10億円で、両社の利益はそれぞれ1億円。資産の効率性が高いのは、A社よりも少ない資産で同じ利益を出しているB社です。

知っ得

ROEが高い企業を狙え！

株価が上昇傾向にある会社は、ROEが高い会社が多いです。なぜなら、ROEとは「株主資本が、会社の利益にどれだけつながったか」を示す指標のため、投資家に評価されやすいからです。

コレがわかる！

- ✓ PERやPBRだけではわからないことも。
- ✓ ROEやROAもチェックしておこう。
- ✓ キャッシュフローで経営の健全性をチェック。

覚えておいて損はない さまざまな指標

そこで、PER、PBR以外に知っておくとよい指標を紹介します。それはROE（株主資本利益率）と、ROA（総資産利益率）。どちらも企業経営の効率性を示すものです。PER、PBRと同じように、このふたつは互いに密接な関係があるため、ROEとROAはワンセットで見るとよいでしょう。また、企業経営の健全性を確かめるため、★キャッシュフローも参考にしましょう。

用語Check!

★**キャッシュフロー**
（きゃっしゅふろー）

企業活動における一定期間のキャッシュ（現金）の流れ。会社が自由に使える自己資金（純現金額）をさし、これが大きいほど、会社運営に余裕があるといえる。

これらの指標もチェック

どちらも高いほど経営の効率がよい！

ROA
Return On Asset
（総資産利益率）

企業が持つ総資産を利用してどれだけ利益を上げたかを示す。数値が高いほど企業の経営効率がよく、5～10%越えが目安。ROA指標は、ROE指標と並行して見ること。

例
総資産100
負債50
株主資本50
うち、当期純利益は10

ROA（総資産利益率）＝当期純利益÷総資産。当期純利益が10の場合、10（当期純利益）÷100（総資産）＝10%となる。

ROE
Return On Equity
（株主資本利益率）

株主資本が、企業の利益にどれだけつながったかを示す。数値が高いほど資本を効率よく使って経営状態がよいが、同時に負債の割合も確認を。15～20%越えが目安。

例
総資産100
負債50
株主資本50
うち、当期純利益は10

ROE（株主資本利益率）＝当期純利益÷株主資本。当期純利益が10の場合、10÷50（株主資本）＝20%となる。

配当利回りから割安度を見る

その配当金はおトクなのか？

企業に利益が生じた場合、株主へのお礼として配当金が出ますが、この配当金の利回りでも、株の割安度を測ることができます。配当利回りの計算方法は「1株当たりの配当金÷株価」でわかります。

配当利回りは、銀行の預金利息と同じイメージでよいでしょう。ただし現在、銀行預金の利息は1%以下がほとんど。配当利回りは銀行預金と比べると高く2～3%、5～6%と非常に高い株もあります。高い配当利回りを目安にして投資することも、割安株を手に入れたことと同じです。

配当利回りの計算方法

A社

株価　500円

（単元株数が100株の場合）

1株あたりの配当金10円

100株買うと
50,000円だね

配当利回り＝1株あたりの配当金÷株価

銀行より利回りが高い！
！

A社の配当利回り2%

10÷500=0.02

コレが**わかる！**

- ✔ 配当利回りの高い株でトクしよう！
- ✔ 配当額が上がれば、配当利回りがUP!
- ✔ 配当利回りは、会社の業績に支えられている。

知っ得

見かけにだまされない！

業績不振により急激に株価が下がって、見かけ上配当利回りが高くなっている企業には注意。来期は減配の可能性も高いです。配当金は資金の流出ともいえ、配当金はなくとも会社の成長に利益を残す会社を選ぶのも手です。

配当利回りが上がる条件

計算式を見ると、**配当利回りは株価と配当金の関係で変わってきます**。左図のように、株価が下がると配当利回りは上がり、配当金が増えても、配当利回りは上がります。

たとえば、1株1000円、1株あたりの配当金が10円の場合、配当利回りは1%。株価が500円に下がると、10÷500＝2%、1株あたりの配当金が20円に増えると、20÷1000＝2%になり、どちらも割安になります。

配当金の説明（⬇P52）でも触れましたが、配当金は年に1〜2回、会社の利益に応じて株主に支払われますが、まったく配当金のない会社もあります。配当金も視野に入れて株を購入する場合は、これらをきちんと確認しておきましょう。

割安になるパターン

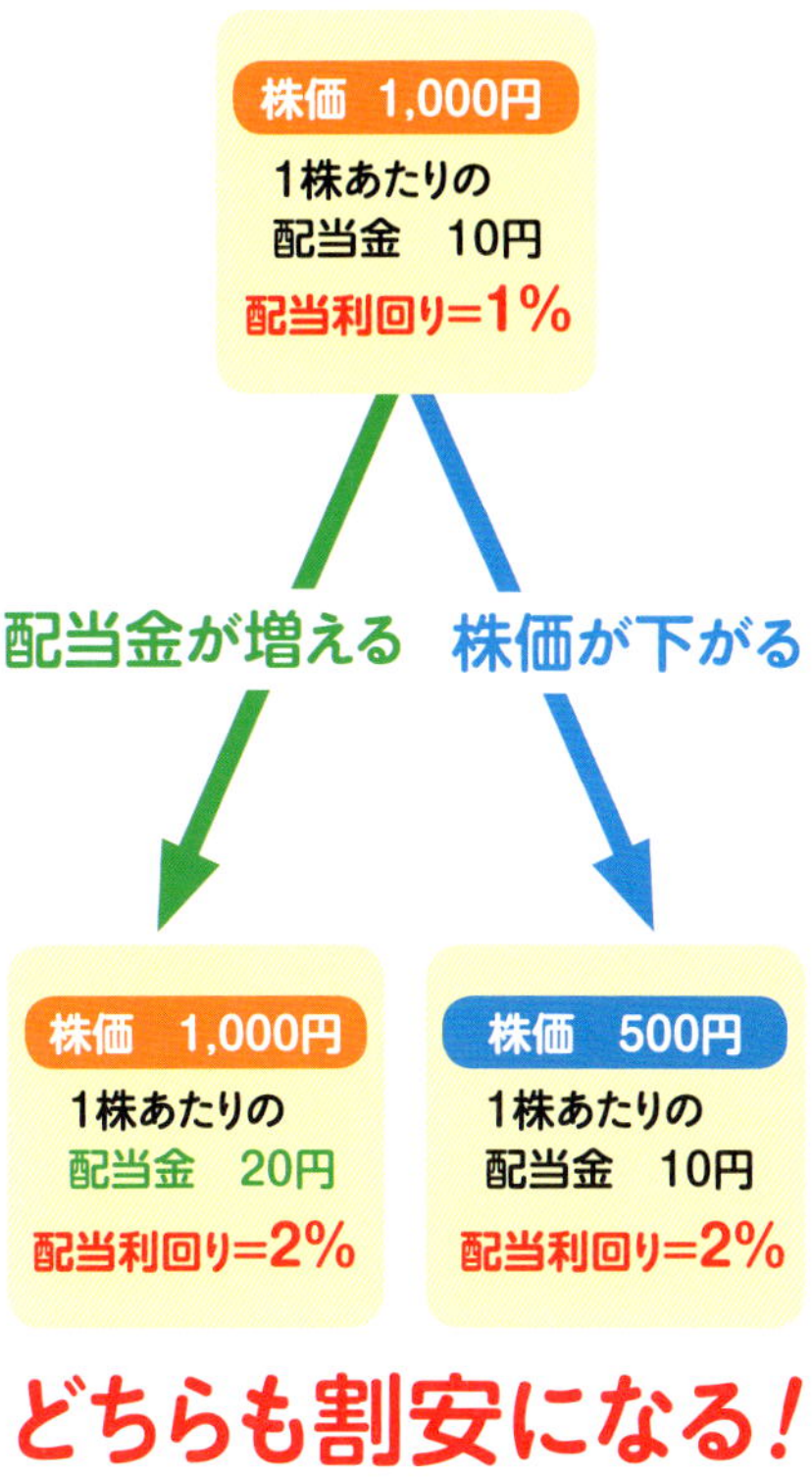
株価 1,000円
1株あたりの配当金 10円
配当利回り=1%
配当金が増える
株価が下がる
株価 1,000円
1株あたりの配当金 20円
配当利回り=2%
株価 500円
1株あたりの配当金 10円
配当利回り=2%
どちらも割安になる！

毎年変わる配当利回り。予想であることに注意！

ここで忘れてはいけないのは、**配当額は会社の業績によって毎年変わるということです**。**証券会社のホームページなどに表示された数字は予想や前年度のものであり、確定した数字ではありません**。

業績が上がれば表示された利回りより高くなることもありますが、下がれば低くなることもあります。

また、**利回りがよくても株価が下がり過ぎているなら要注意**。配当を狙うのなら、業績が安定している会社を選びましょう。

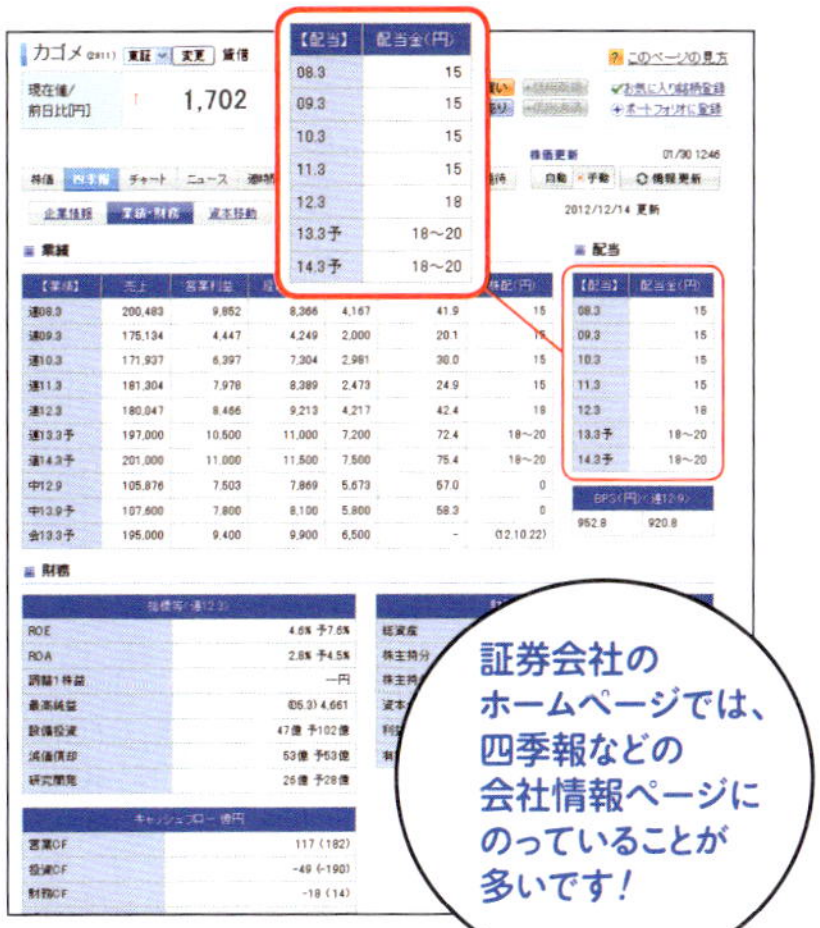
カゴメ
1,702
【配当】 配当金（円）
08.3 15
09.3 15
10.3 15
11.3 15
12.3 18
13.3予 18〜20
14.3予 18〜20
証券会社のホームページでは、四季報などの会社情報ページにのっていることが多いです！

自分に合った情報ツールを使おう

さまざまなメディアの情報を活用しよう

株取引は情報収集が重要です。現在、さまざまなメディアから情報を集めることができます。

その中でも、とくに便利なのはインターネット。ポータルサイトのファイナンス情報、企業や証券会社のホームページで、企業情報などがすぐにわかります。

ほかには、テレビの証券情報番組や、金融・経済専門雑誌、経済新聞などがあります。

それぞれ情報のまとめ方、速報性などに違いがあるため、**自分に合う、続けられそうなものを選ぶのがポイントです。**

さまざまなメディアと情報ツール

テレビ

企業コマーシャルや、地上波・CSチャンネルなどで放送されている株式専門番組など。

インターネット

ヤフーファイナンスなどのポータルサイト情報や、証券企業や投資先の会社のホームページなど。

本・雑誌

日経マネーなどのマネー雑誌、会社四季報などの会社データ誌など。

新聞

日本経済新聞などの経済専門紙、日本証券新聞などの金融専門紙のほか、一般新聞の株式欄など。

株 コツ

個人投資家のブログもあなどれない!

個人投資家の中には、株の記録や自分の考えなどを掲載している「株ブログ」を開設している人も多くいます。現在、個人投資家のレベルも上がってきているため、これらをチェックするのもよいでしょう。

コレがわかる!

- ✓ 情報ツールは速報性の違いを理解して使おう。
- ✓ 情報ツールは自分のスタイルで使いこなす。
- ✓ 正確で使える情報を効率的に手に入れる。

テレビ CMなどからトレンドがわかる!

テレビ番組から得られる、投資に役立つヒントの代表が、**企業コマーシャル。今、何が流行して、どのような商品が消費者に支持されているのかがわかります。**

また、**株や経済の専門番組**は、映像だからこそのわかりやすさはもちろん、**出演している専門家がどう思っているのか、生の意見を聞くことができます。**また、経済の流れや話題のトピックなど概要をつかむためにも有効です。

一般に、経済情報系の番組などで取り上げられた企業の株価が、放送効果で値上がりすることがあります。たいていは瞬時のインパクトで長続きしませんが、潜在的にはやりそうな株式テーマと合致した場合、伸びが続くこともあるのでチェックして損はありません。

新聞 前日の株の動きをまとめて見られる!

新聞の株価欄や証券欄は、**投資家にとって必要な、国内経済の基本情報を教えてくれます。**ここでは、**前日までの株取引に関する情報、相場の動きの大枠をまとめて見ることができます。**株取引をするうえで、株価欄を継続的に見ることは、相場の流れを理解するのに役立ちます。

経済専門紙としては日本経済新聞、金融専門誌としては日経ヴェリタス、日本証券新聞などがあります。たとえば、多くの投資家に支持されている日本経済新聞、通称日経新聞の株式紙面は、一般新聞にはない内容も。あらゆる金融商品の指標がわかるマーケット総合面、毎日の株式・社債の時価を掲載している証券面、各企業の業績状況、業績予想などの情報が掲載されています。

新聞の基本的な見方

1. 東京株式市場やジャスダックなど市場の名称。
2. 銘柄（企業名）略称で書かれることが多い。
3. 4つの株価を合わせ、4本値と呼ばれる（➡P83）。
4. △が上昇し、▼が下がったマーク。
5. 売買が成立した株数。
6. 業種。水産、農林、鉱業などジャンル分けされている。
7. 銘柄名についたアルファベットは、売買単位を表す。

①東京第一部

②銘柄	③始値	③高値	③安値	③終値	④前日比	⑤売買高
⑥【水産・農林】						
・太平洋	300	315	311	313	△8	893
・ホクスイ	523	504	501	503	▼20	3921
⑦A 竹内	2015	2030	2009	2027	△10	91
⑦A ゴボウ	452	459	450	455	△6	893
・西東	3112	3200	3108	3188	△60	1246
【鉱　　業】						
・ツツイ	13000	13500	12800	13200	△150	79
Cセイトウ	780	792	762	765	▼30	2060
Bドーム	25300	28300	25100	27800	△2600	322

本・雑誌

まとまった情報から気になる株が探せる！

本や雑誌は、テレビやインターネットに比べると速報性はありません。しかしその分、作成に手間をかけているため**体系的にわかりやすくまとめられていたり、手元でくり返し読んだりすることができる長所があります。**

たとえば、全上場企業の情報を集めた会社四季報は、２０００ページもの厚さで、投資に必要な業績予想などがコンパクトに掲載されています。また、日経マネーやダイヤモンドＺＡｉなど、初心者でもわかりやすくトレンドを押さえたマネー雑誌もあります。

初心者のうちは、「今どんな株が売れているのか」などがわかりやすく解説されているマネー雑誌を利用し、慣れてきたところで、企業データ本を活用するというのも手です。

本と雑誌の使い方

企業データ本

『会社四季報』東洋経済新報社
『日経会社情報』日本経済新聞社
『「株」データブック』ダイヤモンド社
など

↓

膨大な資料がまとめられている

企業の決算発表に合わせ、発行されることが多い。1企業に対して決算月、売上高、過去業績、業績予測などを掲載。

マネー雑誌

『日経マネー』日本経済新聞社
『ダイヤモンドZAi』ダイヤモンド社
『ネットマネー』日本工業新聞社
など

↓

初心者にもやさしく読みやすい構成に

株式投資講座やネット口座開設法、情報ツール比較など、初心者を対象とした特集を毎号組んでわかりやすく解説。

竹内先生 Advice

ネットの掲示板には左右されないで

便利なポータルサイトには、みんなで意見交換ができる掲示板が設置されていることもあります。もちろん中には、役立つ情報や意見もあるでしょうが、書き手が利益を得るための情報もあります。そのため、掲示板に左右されないようにしましょう。

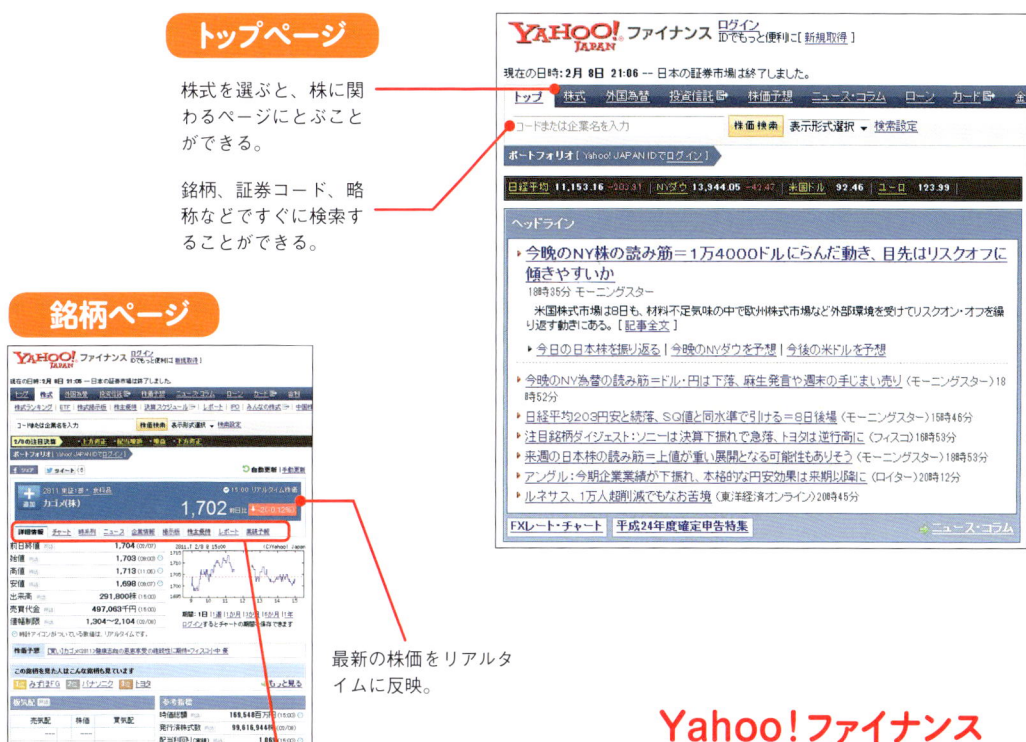

インターネット

興味のある情報を好きなだけゲット！

インターネットを使った情報収集がもっとも手早いということは間違いありません。ざっくりとした情報をつかむには、ヤフーなどポータルサイトのファイナンス情報がおすすめ。無料でチェックできます。

ただし、**より正確な情報を得るのなら、やはり証券会社のホームページがおすすめ。**口座さえ開設すれば特殊なものを除き、無料で数多くのツールを使用できます。

また、ブログや掲示板、SNSの発達で、株に関する情報も大量に出回るようにもなりました。ただし、これらの中には情報の出し手の都合によるウソや、広告のための情報などもあります。情報のすべてを信用せず、精査しながら、投資に役立てましょう。

トップページ

株式を選ぶと、株に関わるページにとぶことができる。

銘柄、証券コード、略称などですぐに検索することができる。

銘柄ページ

最新の株価をリアルタイムに反映。

株価やチャート、この銘柄に関わるニュースなどを見ることができる。

Yahoo!ファイナンス

株式、外国為替、投資信託などの金融情報を掲載。企業情報や株主優待情報、株に関する情報の掲示板なども用意され、無料で使用することができる。

インターネット

企業のホームページでＩＲ情報をチェック

投資に役立つ情報に、企業のホームページ内にある、**ＩＲ情報があります。ＩＲ情報とは、会社の広報活動の一環です。**

まず、サイト内にある「投資家の皆様へ」や「ＩＲ情報」などと書かれた項目をクリック。そこには、企業理念や投資に関わる売上、利益などの現状を示す決算情報など、会社が公式に発表した情報が数多く載っています。

専門的な用語も多く使われているので、説明は次ページを参考にしてください。少しずつ用語を覚え、ＩＲ情報を理解できるようにしていきましょう。

ＩＲ情報は、業績などをチェックする際に欠かせません。これを読みこなし、投資に反映することができるようになれば、もう一人前の投資家といえるでしょう。

IR情報からわかること

カゴメ
- ●コード：2811
- ●市場：東証一部、名証一部
- ●株価：1,903円
- ●売買単位：100株

イベント
株主総会や株主限定のセミナー、交流会などの紹介。

株主優待
優待が贈られるための条件や優待内容などを紹介。

株式情報
上場している証券所や単元株数、株主の数といった基本情報を紹介。配当金もここに含まれる。

業績
売上高、営業利益、経常利益、資産などを紹介。ここに関わる用語の説明は➡P109。

IRメール
業績、新商品情報、株に関わるイベントなどをメールでお知らせ。

IRカレンダー
株主総会、決算発表日、優待お届け期間などをまとめたカレンダー。

用語Check! 拡大版

情報ツールでよく見る用語

IR情報を中心に、よく使われる用語をチェック！ どれも企業の経営に関わる大切なワードです。

❶営業利益
（えいぎょうりえき）

企業の主な営業活動から得られる本業の儲け。売上高から仕入れ原価を引いて算出した売上総利益から、さらに販売費や一般管理費合計を引いたもの。営業黒字。

❷経常利益
（けいじょうりえき）

営業利益（本業の儲け）に本業以外で生じた損益を含めたもの。損益の損は支払い利息や、有価証券の売却損などで、益は受け取り利息や配当収入などがそれにあたる。

❸当期純利益
（とうきじゅんりえき）

その年にあげた利益から、法人税など利益にかかる税金（約40％程度）を差し引いたもの。純粋な企業の経営活動の成果をさす。損失となった場合は、当期純損失という。

❹財務諸表
（ざいむしょひょう）

企業の決算書。会社の健康状態を知ることができる健康診断書ともいえる。貸借対照表、損益計算書、キャッシュフロー計算書の財務三表からなり、決算期に開示する。

❺決算短信
（けっさんたんしん）

すべての上場企業が発表する、決算情報の要点をまとめた書類。貸借対照表、損益計算書、役員人事、連結業績予想などが含まれ、どの企業も同じ様式でまとめられる。

❻貸借対照表
（たいしゃくたいしょうひょう）

財務諸表のひとつで、企業の一時点の財産の状況をあらわすもの。会社が事業資金をどう集め、どのように保有しているかをあらわす。バランスシートとも呼ばれる。

❼キャッシュフロー計算書
（きゃっしゅふろーけいさんしょ）

財務諸表のひとつで、企業の一定期間における、現金（キャッシュ）の流れ（フロー）を見るための一覧表のこと。営業活動、投資活動、財務活動の３種類の表示区分がある。

❽損益計算書
（そんえきけいさんしょ）

財務諸表のひとつで、企業の一時点の収益と費用の状態をあらわすために、複式簿記という形式で貸借対照表と同時に作成する書類。儲け具合、経営成績がわかるもの。

バフェットの偉大な師

賢人に学ぶ投資術 3

ベンジャミン・グレアム

PROFILE 1894年－1976年。投資家としても活躍したアメリカの経済学者。割安株に投資する「バリュー投資理論」を確立して、ウォーレン・バフェット（➡P132）など多くの投資家に影響を与えました。1949年の著書『賢明なる投資家』は、今も投資家に読み継がれています。

銘柄選択に関してわれわれが強調してきたアドバイスは「除外すること」だ。つまり、そうとわかるほど質の劣った銘柄を「除外」し、また優良銘柄であっても株価が高く投機色が強いものは「除外」せよということである。

リスクの高い銘柄は除外する

銘柄を選ぶときは、よい銘柄を見つけようとするのではなく、まずは、リスクの高い銘柄を除外していこうという名言です。

過去50年以上にわたる経験と市場観察によれば、「テクニカル・アプローチ」によって、長期にわたり利益を上げた者などひとりもいない。

テクニカル投資（➡P80）を決め手にしない

チャートは、過去の株価からできています。これだけを当てにして株価を予想して売買する方法は、利益と損失のくり返し。長期的に見れば利益が出ることはほとんどないという名言です。

過去57年間を振り返れば、世界を揺るがすような時代の浮き沈みや悲惨なできごとがあったとしても、堅実な投資原則に従えば概して手堅い結果を得られるという事実は、常に変わることがなかった。

上がる株は必ずある。長期投資を！

不況や災害など、どんなできごとがあっても、優良企業への堅実な長期投資を貫くことで、大きな失敗もなく、最終的に手堅い利益を得られるという名言。

もしもあなたが慎重な投資家あるいは思慮深い実業家ならば、自分の出資分1000ドルに関する価値評価を、ミスターマーケットの言葉によって決めるだろうか？

専門家の話をうのみにしない

証券アナリストや証券会社スタッフなど、専門家の行う評価がいつも正しいとは限りません。お金を出すのは自分。自分なりに勉強をして調査を行い、自分の考えを持つことが大切です。

Part 4

安定した運用にする投資テクニック

初心者が安定した運用を行うためには、
さまざまなリスクを減らさなければなりません。
ここでは、そのためのテクニックを紹介します。
ぜひ利用してください。

テクニック1

成長力のある株を買おう

割安なのに株価が上がらない原因は？

割安な株を買ってみたものの、一向に株価が上がらないことがあります。それは割安なのにもかかわらず、投資家の注目が低い状態。この手の株を買ってしまうと、いつまでも株価は上がりません。

その原因として考えられるのは、企業の成長力の乏しさや、企業の規模が小さいことが挙げられます。**成長力のある企業は、下図にある❶創業期、❷成長期にあることが多いです。**❶〜❷の段階にある企業を見つけるのは初心者には難しいですが、投資経験を積むことで、成長力が見えてきます。

企業が成長する流れ

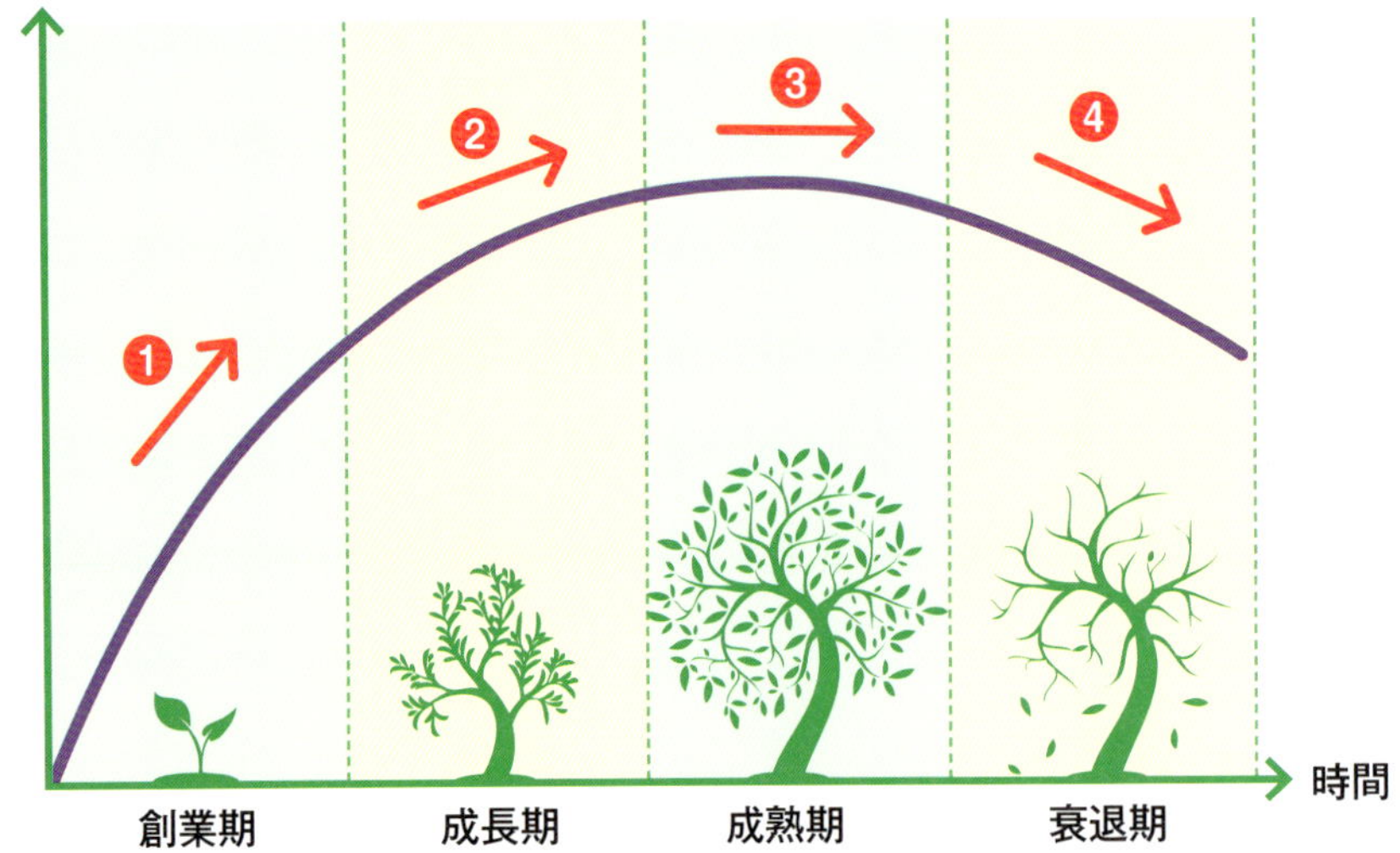

成長
時間
❶
❷
❸
❹
創業期
成長期
成熟期
衰退期

企業に成長力があるのは、主に❶〜❷の創業期から成長期までのステージ。❸の成熟期に企業の成長は安定し、やがて❹衰退期に入ります。

知っ得

初心者は❷成長期からの投資がオススメ

❶創業期にある企業への投資は、見込める利益は高い分、リスクも高いことがあります。初心者には、❷成長期からの投資が無難です。また、❸では配当利回りが高くなる傾向にあります。

コレがわかる！

- ✔ 成長力のない株は投資家に見放されてしまう。
- ✔ 小さな企業の場合、成長株を探す。
- ✔ 成長の余地があれば株価上昇は期待できる。

小さな企業にある株価が上がるチャンス

割安でも株価が上がらない原因のもうひとつ、「小規模な企業の株」には手を出さない方がよいのでしょうか。

小規模な企業には価値の低い企業も多く、企業選びが難しいため、割安に見えてそうでなかったという失敗をしやすいのです。しかし規模が小さいからこそ、株価が上がるチャンスもあります。

それは、**プロの投資家がほとんど入ってこないということです。**プロの投資家は個人投資家より資金力があるため、株価を自分で操作してしまいかねません。そのため、優良企業を見つけたとしても少額投資しかできない小規模企業との取引は少なく、大規模企業にしぼって大口投資をする側面があります。

そこで、小さな規模の企業の株を買うために大切になってくるのは、やはり「成長力」。**成長力のある企業を見つけるには、①過去の売上高や純利益の伸びが優れている、②たとえば介護や葬儀など、その業界に成長の余地がある、③他社に負けない強みや競争力を持っている。**この3つが重要です。

これらの要素を持つ小さな企業を見つけて投資できれば、将来的には注目が集まり、大きなリターンを手にすることができます。

成長力のある企業

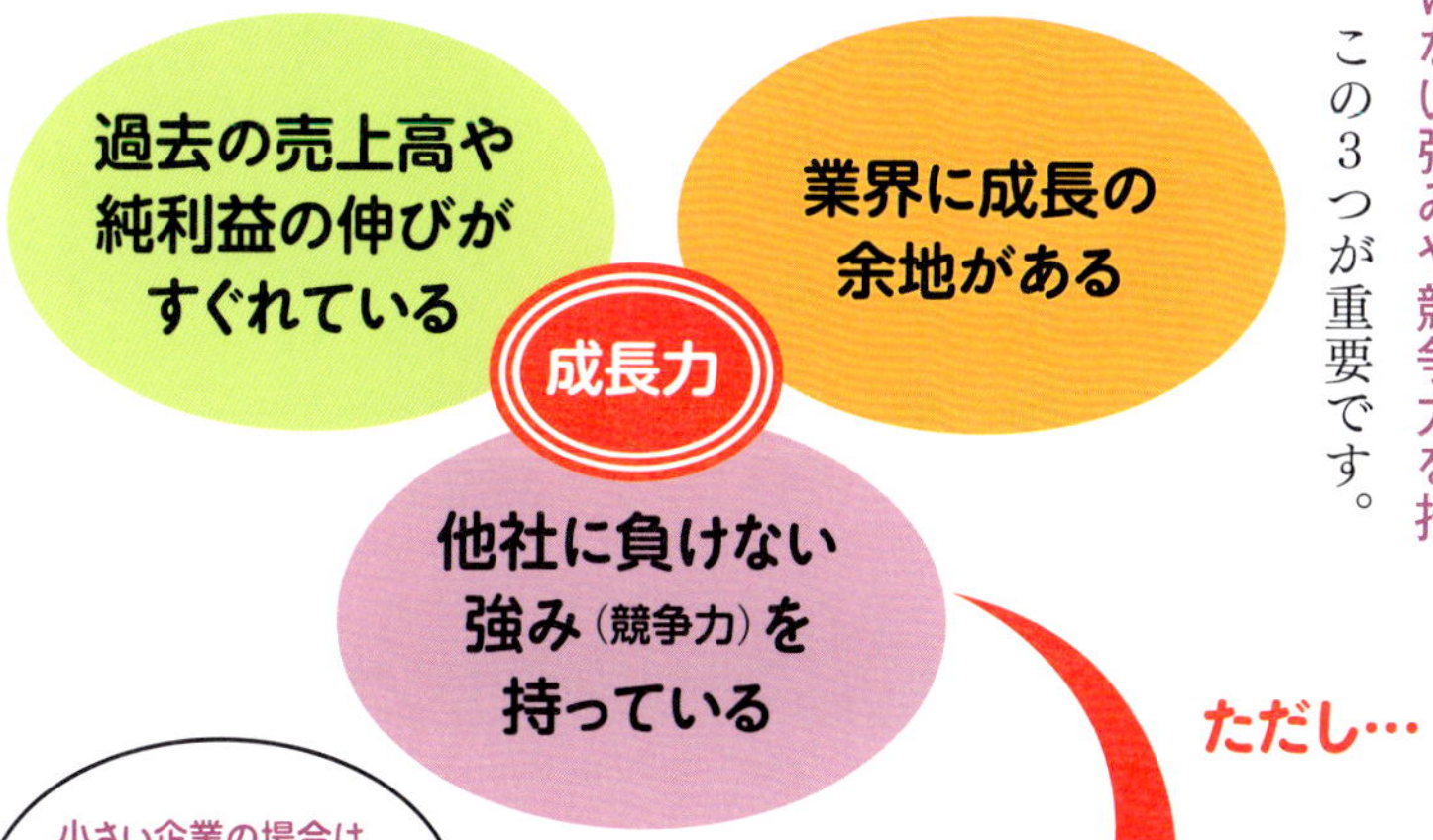
過去の売上高や純利益の伸びがすぐれている
業界に成長の余地がある
成長力
他社に負けない強み（競争力）を持っている
ただし…

小さな会社はリスクもチェック

小さい企業の場合は、リスクをふまえながら、成長力のある会社を見つけよう！

- プロ投資家が入ってこないので、取引が少ないことも多く、思うような株価で売買ができないことがある。
- 注目されにくいため、割安のまま放置され続け、株価が適正値へ上昇しないことがある。
- 割安な状態で放置されていると、企業価値に比べてあまり高くない値段で他の企業に買収されることがある。

テクニック2

倒産しそうな企業の株は買わない！

倒産の予兆を見つけよう

初心者でもベテランでも、買ってはいけない株があります。それは、「倒産しそうな企業の株」です。

今の世の中、自分の買った企業の株がいきなり倒産して価値がなくなることも、ないとはいえません。しかし、倒産の予兆を知ることで、倒産しそうな企業の株を回避することができます。

一番わかりやすい予兆は、1株100円以下の株価の企業。また、企業のIR情報や、会社四季報などに「**継続企業の前提に関する注記**」が出ると要注意です！　チェックしてみましょう。

一番わかりやすいサイン

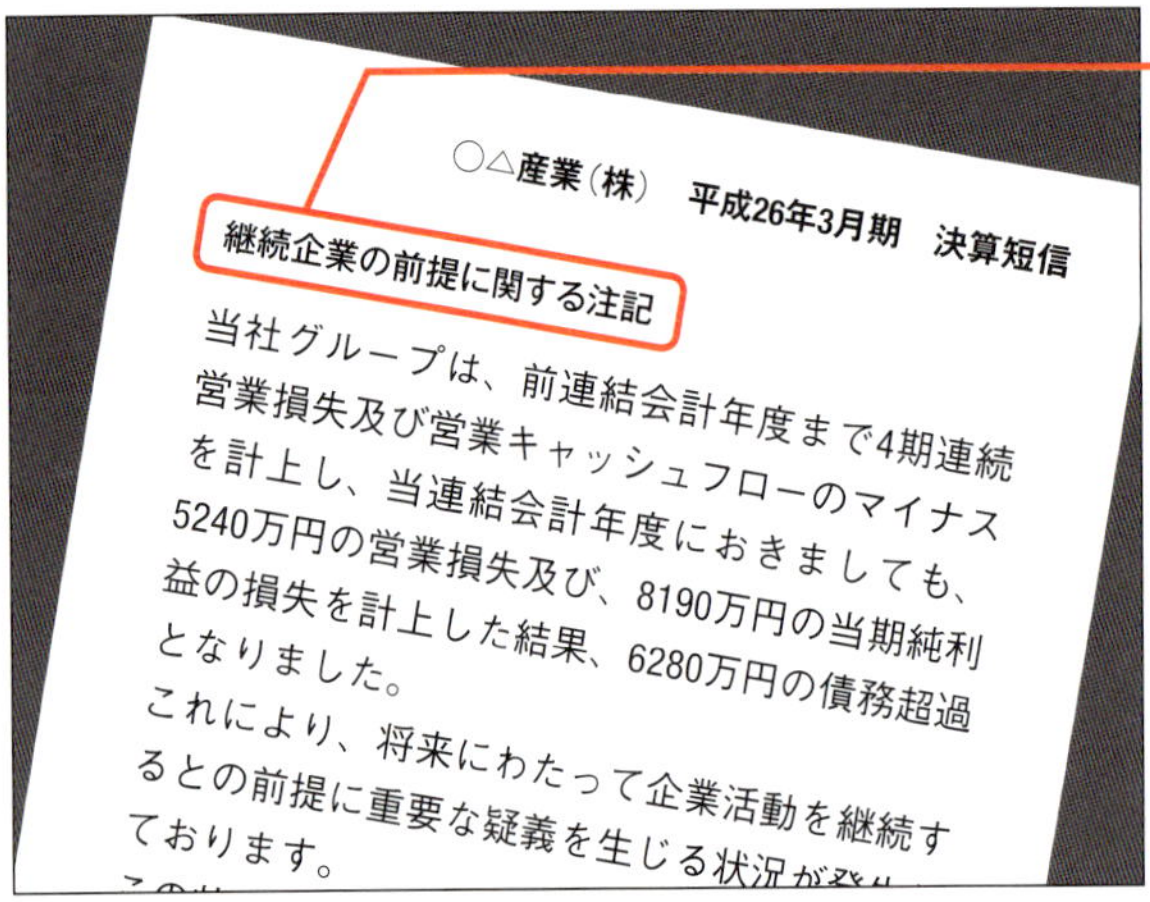

○△産業（株）　平成26年3月期　決算短信

継続企業の前提に関する注記

当社グループは、前連結会計年度まで4期連続営業損失及び営業キャッシュフローのマイナスを計上し、当連結会計年度におきましても、5240万円の営業損失及び、8190万円の当期純利益の損失を計上した結果、6280万円の債務超過となりました。

これにより、将来にわたって企業活動を継続するとの前提に重要な疑義を生じる状況が
ております。

会社四季報や証券会社の各企業ページ、各企業ホームページ内のIR情報などにある決算短信などをチェック。

継続企業の前提に関する注記

企業の事業継続に疑問が残るという意味。ゴーイングコンサーン注記ともいわれる。上場企業の経営者が、1年以内に企業が倒産するリスクがあると判断した場合は明記する義務がある。

コレがわかる！

- ✓ 1株100円以下の株は買わない。
- ✓ 継続企業の前提に関する注記が出たら要注意。
- ✓ 営業キャッシュフローがマイナス続きは危険。

知っ得

株価50円以下はゾンビ企業!?

株価が50円を切っているような株も存在しますが、これは本当に危ない株です。何とか生きながらえている、ゾンビのような企業であることがほとんどです。買わない方が賢明でしょう。

赤字経営が続いている企業

企業が赤字から倒産にいたる背景には、大きくふたつの要因があります。

ひとつ目は、利益を出しにくいビジネスモデルになっていることです。失敗したビジネスは継続できず、新しいビジネスを行うにもお金が必要になって赤字に。一度赤字体質になると、株価が下落して100円を割ってしまうパターンもあります。

ふたつ目は、赤字が続くことで商品などを仕入れている取引先や、お金を借りている銀行などの信用を落としてしまうことです。仕入れ先、銀行も将来の見えない企業と取引をしたいとは思えません。これらの信用を失うと、物と資金の両方が止まってしまう、悪循環に陥ります。

営業キャッシュフローのマイナスが続く企業

そのほかの目安に、**営業キャッシュフロー**があります。営業キャッシュフローとは、キャッシュフロー計算書（➡P109）に記載される、企業の本業による収入と支出の差額です。つまり、**手元に現金がどれだけ増えたかを読み取る数字で、プラスなら儲かっている状態です。**黒字でも倒産する企業があるのは、この項目がマイナスになっていることによります。

その理由に、売上代金の未回収や、在庫の増加などが挙げられます。現金収支は帳簿上操作することが難しいため、これを見ることで正確な経営状態がわかります。証券会社や企業ホームページの決算書、会社四季報などで確認できるので、**数字がマイナス続きの株は投資から外したほうが安全です。**

会社四季報や
証券会社の四季報、
会社ホームページの
決算書で確認！

ココをチェック

※楽天証券内掲載「四季報」の場合

キャッシュフロー 億円	
営業CF	117（182）
投資CF	-49（-190）
財務CF	-18（14）
現金等	175（127）

テクニック3

よく知らない企業の株は買わない！

何をしている企業か知らなければ避ける

買ってはいけない株にはもうひとつ、どんな事業を行っているのかよくわからない企業の株があります。

社名は知っていても事業内容がよくわからない、どのようにして利益を得ているのかがわからないといった企業を選ぶと、失敗の原因になります。

何をしている企業だっけ? でも名前はよく聞くし…

企業を把握できているかチェック

- 企業がどのような事業を行っているか。
- どのような事業で利益を出しているか。
- 企業ホームページなどで常に情報をチェックできるか。
- 企業の業績が悪くなる場合のリスクは理解しているか。
- ライバル企業には、どのような企業があるか。
- ライバル企業と比較して優れている点を説明できるか。
- 企業の成長シナリオが予測できるか。

株 コツ　よく知っている企業＝身近な企業

「身近な企業で探す」方法をP51で紹介しました。たとえばよく食べる食品の企業であれば、「どんな事業なのか」がわかり、「新商品が出る」などの情報に敏感になるからです。もちろん、それに加えた業績チェックも忘れずに。

コレがわかる！

- 株を買う企業の内容は把握しよう。
- 理解できる企業の株を選ぶこと。
- 企業の成長が思い浮かぶ株を選ぶこと。

よく企業を知らないまま株を買うと…？

企業の成長が思い浮かばない

事業内容も、経営状態もよくわからないと、企業の成長シナリオを予測することができません。企業の未来に投資する目的の株式投資のはずなのに、企業の未来が描けないのは致命的。投資の意味がないことになります。

企業の状態のよしあしがわからない

企業のことをよく知らないと、企業から発表された情報も理解できません。それは投資するうえでかなりのマイナス材料です。その情報が企業にとってよいことなのか、悪いことなのかなど、売買の判断に困ります。

この状態のまま買うと…

的確な判断ができなくなる！

企業の実態がよくわからないと、自分の持っている株に対して自信が持てなくなります。そのため、少し株価が下がっただけでも不安になり、売買のタイミングを正しく判断できません。

株価が下がった…
売るべき…？
待つべき…？

テクニック4

初心者は信用取引を行わない！

信用取引はお金を借りて行うもの

投資方法にはさまざまな形があります。**一般的な株取引は現物取引ですが、信用取引（レバレッジ）**という方法もあります。

信用取引とは、かんたんにいうと「自分を信用してもらい、持っている資金以上の株式投資を行う」こと。つまり、自己資金などを担保に、証券会社に「借金」をして取引を行います。持っているお金の約3倍までお金を借りて取引ができるので、もし儲かった場合は、現物取引の3倍の利益が出ることになります。しかし、逆に損も3倍に膨らむリスクがあります。

現物取引と信用取引

現物取引
10万円
株を
買う
株10万円分
信用取引
10万円
株を
買う
証券会社から借金をしている
株10万円分
株10万円分
株10万円分

10万円を元手にした場合、それと同額の10万円分の株が手に入る、一般的な方法。

10万円の資金を元手に、証券会社から20万円の借金をして、30万円分の株を手に入れる方法。

コレがわかる！

- 取引には現物取引と、信用取引がある。
- 信用取引はハイリスクハイリターン。
- 初心者は信用取引を絶対に行わないこと。

知っ得

信用取引の一番のウィークポイントは？

信用取引の最も弱い部分は、株式市場の急変に耐えられないこと。全資金で買っている株が急落したときには、取り返しのつかない事態に…。初心者のうちはコントロールするのがむずかしいので、避けましょう。

10万円を元手に信用取引を行った場合

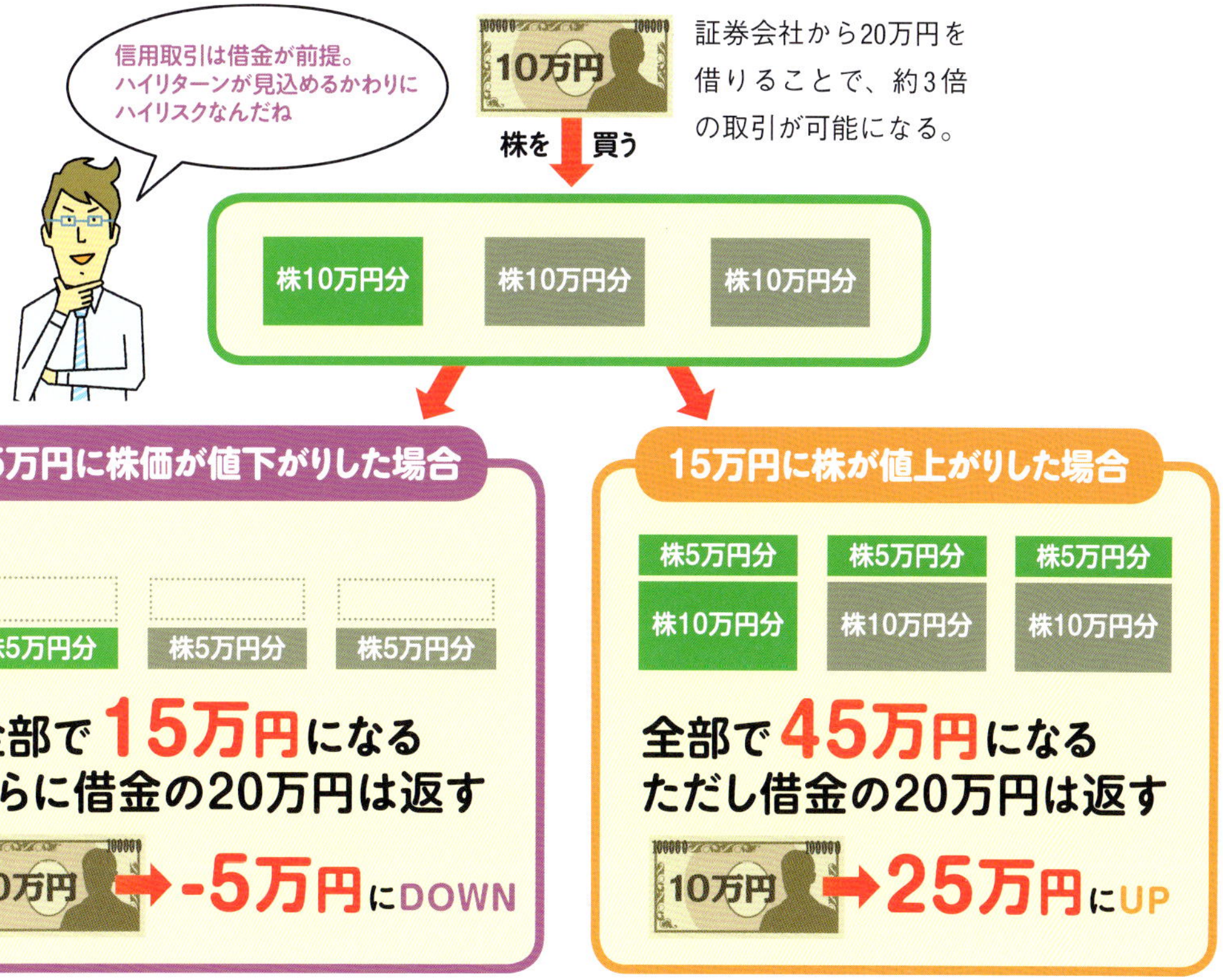
信用取引は借金が前提。
ハイリターンが見込めるかわりに
ハイリスクなんだね
10万円
株を 買う
証券会社から20万円を借りることで、約3倍の取引が可能になる。
株10万円分
株10万円分
株10万円分
5万円に株価が値下がりした場合
株5万円分
株5万円分
株5万円分
全部で15万円になる
さらに借金の20万円は返す
10万円
-5万円にDOWN
15万円に株が値上がりした場合
株5万円分
株5万円分
株5万円分
株10万円分
株10万円分
株10万円分
全部で45万円になる
ただし借金の20万円は返す
10万円
25万円にUP

現物取引と信用取引の違い

信用取引をすすめない理由は、**現物取引なら株価が下落し最悪のケースでもゼロですむのが、信用取引の場合だとマイナスになる可能性があるためです。**

上図で、10万円の株を3株、信用取引で買った場合を見てみましょう。株価が15万円に上がると、借金の20万円を返してもプラス25万円になりますが、株価が5万円に下がると、借金（追証★）は残るのでマイナス5万円になります。

用語Check!

★追証（おいしょう）

追加証拠金の略称。信用取引で元手以上の損が出た場合、証券会社へ追加で返済する保証金のこと。通知から2営業日以内に証券会社の口座へ振り込まなければならない。

テクニック 5

株売買のタイミングは自分のルールで！

自分が割安だと思ったら買う！

初心者が株を買うときは、できるだけ割安な状態を待ってから、慎重に投資をしたいと誰もが思うでしょう。ただ、株価は生き物のように日々動くので、的確な予想はむずかしいものです。

そのため、**買いのベストタイミングとは、「企業情報を分析し、自分が納得できる割安感で買えるとき」といえます。**

なお、慎重に投資を行うため下図のような、**買いたい銘柄チェックリストを作成するのもオススメ。** ただし、注目する企業の中身を十分に調べてから買いましょう。

チェックリストを作ってみよう

買いたい株チェックリスト

00年○月

社　名	現在価格	買い目標
○○社	4,000円	2,500円
△△製薬	300円	280円
××建設	15,000円	10,000円
○○自動車	2,000円	1,800円
□□工業	800円	650円

1. 買いたい企業を20社ほどリストアップする。
2. 目標となる株価を書き、その値段まで下がったら買う。

株価だけでなく、業績などのチェックも忘れずに！

コレがわかる！

- ✓ 株は自分が納得した割安感が出たら買う。
- ✓ 企業が成長していれば保有を継続。
- ✓ 株価が下がったら自分のルールで損切りする。

竹内先生 Advice

直感に頼るのは「最終判断」だけに！

損する場合はたいてい、直感をあてにしすぎたとき。「最終的な売買判断」は直感に頼ることになりますが、最初からフィーリングで投資するのはやめ、はじめに決めた“ルール”にのっとり、タイミングをはかってください。

株価次第で売り方を変える

株売買で肝心なのは売りのとき。株を売るタイミングで、損得が決まります。

株売買には心理的要素も絡み、売るときに買い値よりも下がっても上がっても、どちらも精神的な動揺が生じるものです。**大切なことはいつも冷静でいること。そして、割高感が出てきたときに売ることです。**また、企業が毎月出す★月次情報などと株価を比べ、割高感を確かめることもできます。

用語Check!

★**月次情報**
（げつじじょうほう）

企業がホームページの企業情報、IR情報などで発表する月ごとの売上報告書。前期の売上高、客数、客単価を比べた数値が並び、業績の推移を見ることができる。

結果別の対応法

株価が下がった！

①そのまま保有する

「また上がるかも」と、そのまま保有すると、売るに売れない株価にまで下がってしまう可能性があり、注意が必要です。

重要 ②ルールを決めて売る

買い値から20%下がったら売るなど、自分なりのルールを決めて守り、次の株に期待しましょう。

株価が上がった！

①そのまま保有する

月次情報などを確認し、業績の安定や成長が予定通りなら、売らずに保有して様子を見ましょう。

②割高、ほかによい株があるなら売る

理由なく株価が急上昇して割高になった場合や、他によい株が見つかった場合は、売ります。

分散投資でリスクを減らす!

リスクを減らす2つの分散投資法

株投資の基本は、少額でも安定した利益を長期間出し続けること。そのためには、投資リスクをできるだけ減らすことが重要です。

そこで、ぜひ実践してもらいたいのが、**分散投資**です。投資方法を分散させることで、急激な株価の変化による損失を防ぐ、または最小限にすることができます。

分散投資は**銘柄の分散**、**時間の分散**という2つの方法があります。下図のように、株で失敗するふたつの主な要因は、分散投資で防ぐことができます。

よくある失敗と避け方

株を買うタイミングに失敗した!

株価チャートを見ずに買った、PERなど指標をチェックしなかったなど。

失敗を避けるには…**時間の分散**

購入タイミングをずらす!

株(企業)選びに失敗した!

業績を見ずに買った、株そのものの見立てを誤った、割高になったなど。

失敗を避けるには…**銘柄の分散**

複数の銘柄に分散投資する!

コレがわかる!

- 分散投資には2つの方法がある。
- 銘柄、業種をわけて、数社買う。
- 1か月、半年ずつなど時間をずらして購入。

知っ得

中級~上級者向けの「集中投資」

分散投資と反対の考え方で、「集中投資」があります。集中投資のメリットは、1社ごと深く掘り下げることができるため、よい銘柄を選べば、一気に資産を増やせること。これは中級者以上の方におすすめです。

銘柄を分散して全滅を避ける

2つの分散投資方法のひとつ目は、**銘柄の分散**です。株を買うとき、初心者がひとつの銘柄に集中して投資するのは危険です。うまくいけば一気に資産を増やすことができるかもしれませんが、外れた場合は全滅です。**株を買うときには、複数の銘柄を組み合わせ、リスクを分散させましょう。**

たとえば3社に分けて買う場合も、**できるだけ業種を分けるとよいでしょう。**一例であげると、円高に強い内需関連株、円安に強い輸出関連株と相反する動きの銘柄に分ける。または、業績が安定している企業と、成長幅が期待できる新興企業を組み合わせて投資すれば、よりリスクが減らせます。

ただし、たくさん株を持ち過ぎると管理が大変になるので、5社くらいがおすすめです。

A社のみに投資

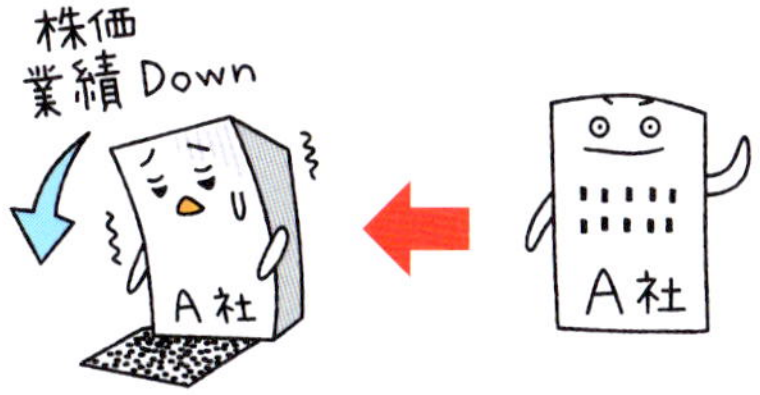

1社だけに投資を集中させると、業績悪化で株が下落した場合に大きな損がでる。

A・B・C社に分散投資

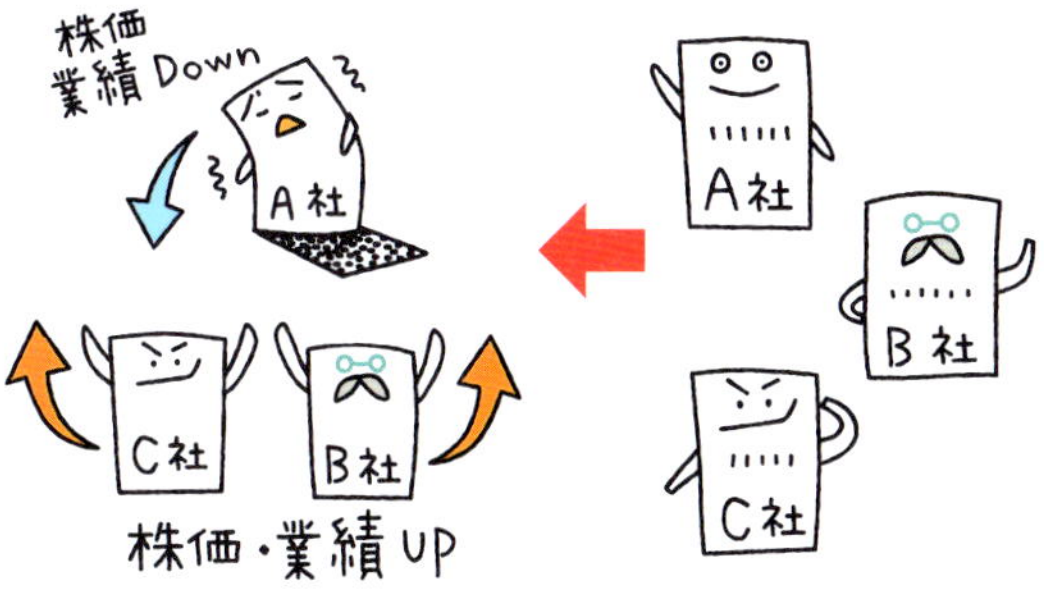

1社に損が出ても、ほか2社の業績が上がっていれば最終的にプラスも!

購入のタイミングをずらして分散投資する

分散投資2つの方法のふたつ目は、**時間の分散**です。できるだけ安く買うためのベストタイミングとはあとからわかるもので、これを予期するのはプロでも難しいものです。株価は上昇トレンドであっても、短期的には日々細かく上下しています。

絶好のタイミングをはかることをやめて、**機械的に時間をずらして購入していく方法も有効です。**たとえば、1か月、半年というように時間を分散して少しずつ購入すれば、高値で一気に買ってしまうリスクが低くなります。

長期投資はコツコツと株を買っておき、最終的に株価が上がっていればよいのです。タイミングばかりに気を取られず、気楽にいきましょう。

テクニック7

余裕資金を使って無理のない投資を！

冷静な投資は余裕資金で！

株を購入する前に再認識すべき、大切なことがあります。それは「資金はいくらまで投資に用意できるか」です。

投資は、あくまでも余裕資金で行うのがルールです。資金を捻出するために絶対に避けるべきことは、生活費にまで手をつけたり、借金をすること。安定的な生活がおびやかされることで、株価の上下を冷静に判断できなくなり、不安ばかりがつのるようになります。

そのようなことになっては元も子もありません。投資は無理なく、余裕資金で行いましょう。

投資には避けたい資金

年金

年金とは、老後の生活を支えるための収入。年配者が投資のため、年金を使ってしまうと、生活ができなくなってしまいます。

借金

投資のための借金はご法度。利子と返済期限があります。期限が迫ると株価上昇時でも、売却せざるを得なくなります。

生活資金

「これがなくなったらどうしよう」とあせりが出て、ちょっとした失敗でも早くとり戻そうとして、無理な取引をしがちです。

竹内先生 Advice

余裕資金でないとデメリットがたくさん！

生活資金では、損したときに生活に困ってしまいます。また、借金では毎日金利がかかるため、長期投資がむずかしくなります。全体的に、冷静な判断ができなくなってしまうという点も問題です。

コレがわかる！

- 投資は、あくまでも余裕資金で行うのがきほん。
- 借金は問題外。生活費、年金には手をつけない。
- 人生プランに合わせた投資目標額を設定する。

投資の目標と道筋を立てる

① 目標金額を決める

「100万円を元手に、30年後までに2,000万円貯める」というように、具体的な目標を立てます。

↓

② 運用利回りを出す（右表参照）

10%から小刻みに数字を設定してみると、年数経過に応じて運用資金の変化がわかります。①の目標の場合、利回りは年に約11%必要になります。

↓

③ 資金を投資に振り分ける

どれくらいを投資に振り分けるかは、若年層なら少し多めの資金で攻め、年配層なら守りの投資がおすすめ。

運用年数20年だと、
利回り10%と14%では
2倍くらい違ってくるね

100万円を元手にした際の、運用年数と年間の利回りによる資産の変化

（単位：万円）

利回り＼運用年数	0	1	2	3	4	5	10	15	20	25	30
10%	100	110	121	133	147	161	260	418	673	1,084	1,745
11%	100	111	123	136	151	168	284	479	807	1,359	2,290
12%	100	112	125	140	157	176	311	548	965	1,701	2,996
13%	100	113	127	144	163	184	340	626	1,153	2,124	3,912
14%	100	114	130	148	169	192	371	714	1,375	2,647	5,096
15%	100	115	132	152	175	201	405	814	1,637	3,292	6,622
20%	100	120	144	173	207	249	620	1,541	3,834	9,540	23,738

人生設計に合った無理のない投資を！

「たくさん儲けたい」とハイリターンを求めると、リスクが高くなってしまいます。

投資で失敗しないためには、ただ漠然とはじめるのではなく、**最初に目標額を決めるのが大切。**証券会社や株情報系のホームページなどで、月に何円、どんな★運用利回りで投資すればよいかシミュレーションしてみてもよいでしょう。**明確な目標があり、必要な利回りがわかれば、リスクを最小限にできるため安定した投資ができます。**

用語Check!

★運用利回り
（うんようりまわり）

1年に何%の利率で資産を運用できるかを示した数値。元本のみで運用する「単利」と、元本投資により増やしたお金をすべて再投資する「複利」があり、年数がたつほど複利が有利になる。

テクニック8

売買コストは最小限に抑えよう！

ムダなコストはカットしよう

株取引を行うとき、その過程にさまざまなコストがかかります。まず買うたび、売るたびに手数料がかかります。詳細な分析ツールには利用料がかかるものもありますし、信用取引（➡P118）の場合は資金を借りた分の金利があります。また、株の売却で利益を出せば、税金がかかります。

「面倒だな」と思っても、このひとつひとつをシビアに検討していかなければ、その総コストは無視できないものになります。安定した運用利益を上げるためにも、取引コストは最小限にしましょう。

株に関わる主なコスト

- 株を買う手数料
- 株を売る手数料
- 情報サービス料
- 株売却の利益にかかる税金
- 信用取引にかかる金利

↓

最小限に抑える！

株 コツ

時間にかかるコストもある！

直接お金はかかりませんが、時間コストも考えてみましょう。銘柄選び、企業分析、板とにらめっこなど…。生活を脅かすほどの時間のかけすぎには注意です。

コレがわかる！

- ✓ 株取引にかかるコストは最小限に。
- ✓ 取引手数料は回数に応じた料金体系を選ぶ。
- ✓ 各証券会社のキャンペーンでコスト削減を。

取引に合わせた手数料のタイプを

証券会社に払う売買手数料は、昔に比べて格安になりました。現在ではネット証券が主流なので以前の10分の1ほどになったとはいえ、今度は激しい値下がり合戦の時代。10万円までの取引手数料が100円を切るところもあります。料金体系も証券会社によってさまざまな中、安い手数料をさらに減らす方法を積極的に探りましょう。

初心者が中長期投資を行う場合の手数料節約方法は、単純に取引する回数を減らすことです。中長期投資は、毎日のように株価を追いかけ、取引する必要はないので「ここぞ」と思うタイミングのときだけにしましょう。**どうしても回数が多くなる人には、定額パックの利用をおすすめします。**このように、取引に合わせて料金体系のタイプを選びます。

1日に何回も
取引をするよ

定額制

短期投資により、毎日のように売買している人はこちらのタイプがオススメ。

取引数は
少なめね

毎回かかるタイプ

中長期投資を目指し、取引回数がそれほど多くない人はこちらがオススメ。

各証券会社のキャンペーンもチェック

証券会社のサイトを見ると、トップページなどに期間限定のキャンペーンを掲載していることが多いので、ぜひチェックを。

たとえば「○○プランを通常の20％オフ」「口座の新規開設で10万円までの手数料を1か月無料」などです。最近では「新規に口座開設し、入金や取引をすると3万円プレゼント」など、まとまった現金がもらえるパターンもあるので、**コスト削減のための情報を、日々キャッチしましょう。**

楽天 ネット証券
新楽天FX
最大19,300円相当プレゼント!

キャンペーン情報をチェック

テクニック 9

株経験をまとめておこう！

自身の経験がいちばんの教科書

これまで、初心者でも株取引はかんたんにできると説明してきました。しかし、証券会社に口座を開き、入金し、銘柄まで選んでいるのに、そこから先へ進む勇気がないという人が多いのも現実。やはり株に対する不安感があるからでしょう。

しかし、慎重すぎることも問題です。怖がらずに、まずは少額投資からでも、実践してみてください。体験することで足りない部分を知り、勉強して知識を深めていく方法をくり返すことが、成功確率を上げていく近道です。

経験から学びとろう！

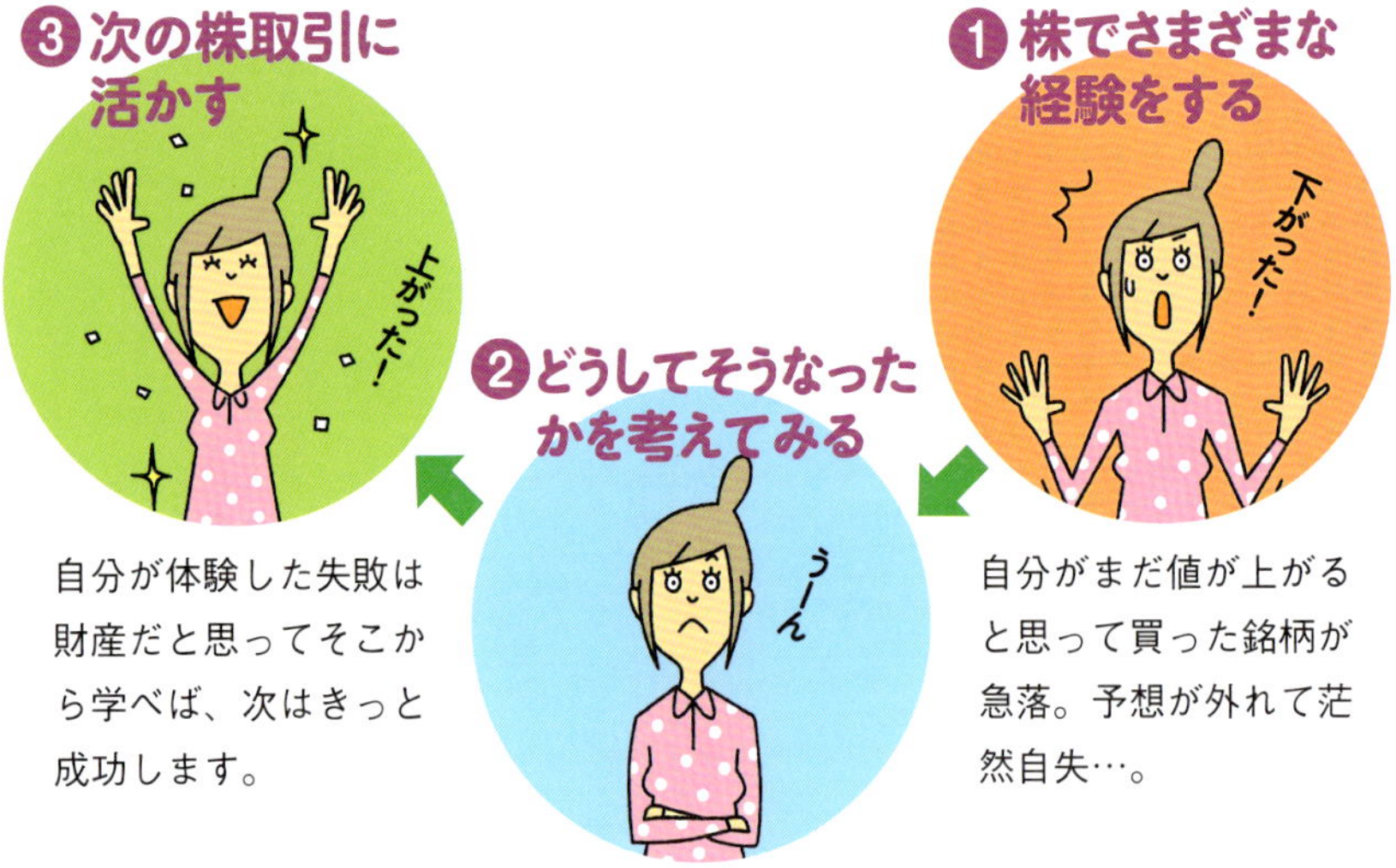
❶株でさまざまな経験をする
下がった！
❷どうしてそうなったかを考えてみる
うーん
❸次の株取引に活かす
上がった！

❶ 自分がまだ値が上がると思って買った銘柄が急落。予想が外れて茫然自失…。

❷ 一度冷静になって、なぜ失敗したのかを考えてみましょう。原因がどこかにあるはずです。

❸ 自分が体験した失敗は財産だと思ってそこから学べば、次はきっと成功します。

竹内先生 Advice

初心者は、うまくいかなくて当然！

小さな失敗は授業料と割り切って、今後の糧にしましょう。ただし、大きすぎる失敗は禁物です。株に向き合うことが嫌になって心が折れてしまい、株取引そのものから離れてしまうことになるからです。

コレがわかる！

- 株取引は実践と勉強のバランスが大切。
- 失敗を恐れず、そこから学び次に活かす。
- 自身の経験を書き記し、取引に役立てる。

まとめ方の例

株式ノートに書く

その日に気になったことを、メモ程度に書き込むだけでだいじょうぶです。あとで見返すことで、次の投資に役立てられます。

ブログなどに書く

株式ノートに記録したことを再構成するなどしてアップしてみましょう。第三者から貴重な参考意見をもらうこともできます。

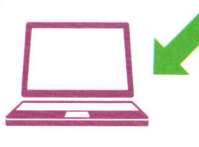

こんなことを書いてみよう

- 保有株の動き
- 相場全体の流れ
- 気になる銘柄
- 株に対する考え方
- 保有株を選んだ理由
- 成功（失敗）した場合の考えられる理由

など

株取引の経験をまとめておく

株取引の勉強と実践は、車の免許を取ることに似ているかもしれません。いくら座学で勉強を積んでも、実際に車を運転しなければ意味がないですし、逆に運転技術があっても、交通ルールなど知識がなくては安全運転ができません。

勉強と実践をバランスよく行うこと、そして、体験した失敗をムダにせず、次の投資に活かして自身が成長することが大切です。

その方法として、経験談を学習材料とするため、ノートにまとめておくとよいでしょう。「株日記」「株ノート」など形式は何でもOK。「この判断はこうだった」「この現象を知らなかったから失敗」「今、気になる銘柄」など、記録することで頭に残りやすく、あとから読み返して役立てることができます。

テクニック10

自分の感情とうまくつき合おう！

株取引には感情が絡んでくる

株価は生き物のように動くもの。株の値動き自体が心理戦でもあります。「まだ上がると思ったのに」「最高値で買い、そのあとズルズルと下がってしまった」などの失敗談を聞くと、やはり**欲が判断を鈍らせているパターンが多い**です。感情が絡むと、そのワナにはまりやすいことを忘れずに。

誰でも「できるだけ得をしたい、損はできるだけ少なく」と思うのは自然な感情ですが、「得は、早く多く確定したい」「損は、認めたくない」という特徴もあることを覚えておきましょう。

取引とさまざまな感情

株を買うとき
● 本当にこの株を買っていいのかな…
● この値段で買っても、損しないかな…
● このあともっと欲しい株が出てくるかも…
株を売るとき
● もう少し待てば、上がって損しないんじゃ…
● もっと利益が出るまで待つべきか…
● 本当に売ってしまってあとで後悔しないか…

コレがわかる！

- ✓ 株取引は人間の欲が絡むことを忘れずに。
- ✓ 感情のコントロールで正しい判断を。
- ✓ 自分のルールを守り損も認めることが大切。

竹内先生 Advice

自分は初心者だと割り切って！

初心者のうちは、自分の資産が変動することに不慣れ。どうしても感情に左右されてしまいます。「私は初心者だから…」と客観視しながら、ある程度割り切って株取引ができると、うまくいくでしょう。

こんな感情に注意！

イライラ

「思うようにいかない…」

アドバイス

値動きを完璧にとらえられる人はいません。すべて予測であり、予測するために勉強をします。

不安

「本当にこれでいい？」

アドバイス

会社の業績、株の割安度を測る指標などのチェックをして、行動に根拠を持たせましょう。

カーッ

「もっと買っちゃおう！」

アドバイス

買い注文が殺到し、乗り遅れまいとムキになるなどカーッとなったら要注意。自制心を働かせて。

ブーブー

「自分は悪くない！」

アドバイス

株取引は自己責任で行うことが大前提。失敗しても他の何かのせいにできるものではありません。

深呼吸していったん冷静になろう

感情に絡んだ失敗の中で、もっとも避けたいのは「塩漬け」です。これは値下がりしたままダラダラとその株を保有し続けるうちに、売るに売れない状態になってしまうこと。「20％まで下がったら売る」など、自分で決めたルールを思い出してください（➡P120）。これを守ることが大切です。

ルールに問題があると思うのならまた研究して、ルール自体を変更してもよいでしょう。成功へのカギは、冷静沈着な判断。そして、買うときも売るときもメリハリのきいた決断ができることです。

感情が乱れたときにはまず深呼吸を。いったん売却しリセットする、様子を見るなど最適な判断ができるようになれば、株式投資はより楽しくなるでしょう。

ウォール街の伝説的投資家

賢人に学ぶ投資術 4

ジョン・テンプルトン

PROFILE 1912年－2008年。大学では法律の学位を取得し、証券会社に勤務後、独立。複数のファンドを立ち上げ成功をおさめました。積極的に海外にも目を向け、日本がまだ世界に評価されていなかった時代から日本の株にも注目、多額の投資を行っていました。

今の資産よりもはるかに割安なものに買い替えるのでなければ、その資産を売ってはならない。

ココをマネーる!

株を買いなおすなら今より割安な株を

よく検討して買った株なら安易に手放さず、一考を。長期投資は、我慢も必要です。さらに割安な株が見つかるまで、じっくり待ちましょう。

四つの単語でできた言葉の中で、最も高くつくものは「今度ばかりは違う（This time it's different.）」である。

ココをマネーる!

失敗で学んだことをしっかり生かす

つい「今度の株はだいじょうぶ」などと、変な自信を持ってしまうことがありますが、これは危険。以前起きた失敗をくり返さないように、ここから学ばなければいけません。

意思決定の前に祈りをささげること。頭の中がクリアになり、うかつなミスも少なくなる。

ココをマネーる!

いったん冷静になって決定しよう

勢いで売買すると失敗につながります。慎重になるために、いちど祈りをささげるときのように気持ちをしずめ、「本当に買って（売って）いいのか?」と再度考えてみましょう。

世界を見れば、一国内よりも割安な銘柄はたくさんある。もちろんリスク分散にも役に立つ。

ココをマネーる!

リスクの分散のために分散投資（➡P122）をしよう

広い目で見ると、割安な金融商品は意外と多いもの。リスクを少なくするためにも、複数の国内株への分散はもちろん、外国株や債券などにも目を向けてみてもよいでしょう。

Part 5

ここが損得の分かれ目！
初心者のあるあるパターン

初心者が陥りがちな失敗を中心に、
これまでの章で紹介した内容を
4コママンガとともに振り返ります。
これからの株取引を成功させるために、
押さえておきたいポイントを
厳選してまとめているので要チェック！

初心者のあるある

1 売るタイミングが遅れ、さらに売れなくなって…。

株歴2か月　Aさんの場合

1「これからは介護業界が発展する!」。雑誌やテレビの情報からそうひらめいたAさんは、人気があり上昇を続けている介護関連企業の株を、1株5,000円で100株（50万円分）購入しました。

2 それからしばらくすると、5,000円だった株価は5,200円に上がり、Aさんは思惑通りの展開に大喜びです。100株を売って、2万円の利益を確定しました。

3 その後も、その企業の株の動きを見ていたAさん。4,500円に値が下がったときに、また100株購入しました。株価は上下動をくり返し、しばらくすると4,000円に。Aさんはこれもチャンスと、さらに100株を買い足しました。

4 ところが、期待されていたその企業の介護事業が失敗。株価は1株2,000円まで一気に下降し、Aさんが85万円で買った200株は40万円に。売るに売れない株価にまで下がってしまいました。

1
やっぱり介護関連株かな
千円が5千円に
成長しているし
100株買っておこう
デイサービス
介護タクシー
今後は介護が伸びるよね
PC
2
よし、売ろう!!
上がった!
5千2百円で
2万円の利益だ!
やっぱ介護はスゴイ!!
PC
3
4千5百か…
あ、
下がってる…
今のうちに
追加しよう
ピコッ
4千
なら…
また下がった
じゃあ
もう100株…
4
あるとき…
えぇー
2千円に
下がってる
——!!
ストーン

Part 5

どうしたらいいんだ——!!
損
ズシッ

どうしてこうなった!?

あるある要因

追加購入が損を膨らませた

長期的な投資をしようと思った場合、何回かに分けて株を買うのは、よい方法。ただし、「株価が下がったから」という理由で買う場合、今後も下がるというリスクも考えなければ、損を膨らませることにつながります。

あるある要因

買った時点で株価が高すぎた

投資家に人気で株価が上がってきているような株は、投資家がよせる期待感によって株価がすでに上がりすぎている場合があります。期待に反することがあれば、一気に株価が下降するリスクが高く、売買のタイミングが難しい株です。

あるある要因

売れない価格まで待ってしまった

株価が下がったとき、損を認めて売ることは心情的に難しいもの。もう少しだけ待とうと思っているうちに売れない価格になることも。そうなったら価格は一度忘れ、その株が今後も必要かよく考えましょう。必要ないならば売るべきです。

株初心者は
損をしてもズルズルと
持ち続けて
売るタイミングを
はかれないことが多いね

教訓

損切りのタイミングを最初に決める！

売るタイミングを逃し、損を膨らませてしまうのは、初心者にありがちなパターンです。誰でも損はしたくありませんが、株は得をすることもあれば、損をすることもあるもの。最初から、ここまで値が下がったら売る「損切り」のタイミングを決めておきましょう。そして、その値になったら、割り切って売ることが塩漬け株（売るに売れず残った株）をつくらないコツです。

初心者のあるある

2 株価の変動についつい反応してしまう…。

株初心者　心配性Jさんの場合

1 株をはじめたばかりのJさんは、自分の持ち株の価格が気になってしかたありません。持っているA株の価格が少し上がったのを見つけると、「売らなくちゃ」と早速売却しました。

2 ところが、しばらくするとA株はさらに上昇。もう少し持っていればよかったと後悔するJさん。一方でB株が下がったため、損を大きくしては大変と、またすぐに売りました。

3 株価の動きを気にするJさん。今度はC株が上がったのを見て、売ろうかどうしようか悩みましたが、A株のことを思い出してもう少し待つことにしました。

4 しかし、ある日C株は大暴落。大きな損を出してしまいました。「株の動きにふり回されるだけで、うまくいかない!」とJさんは、株取引にすっかり疲れてしまいました。

1
株価が上がったわ… 少しだけど…
もう売ったほうがいい… わよね？
A株 上昇↑
PC
2
B株は下がった… すぐ売らないと！
う〜ん
しまった!! 売っちゃったA株がさらに上がってる!!
PC
3
C株は上がったけど 待ったほうがいいかしら…
う〜ん
A株のように上がるかもしれないし…
PC
4
ある日——
C株下がっちゃった——!!
C株暴落
ストーン
うまくいかない——!!

どうしてこうなった!?

株って疲れるだけで
あまりおもしろく
ないわ…

あるある要因

感情に左右され冷静になれなかった

株をはじめたばかりで自信がないと、少し株価が動くだけで、「早く利益を出さなければ」とか、「損をするのでは」と気持ちが焦り、不安にかられてすぐに株を売ってしまうことがあります。一度冷静になって、考えてみることが大切です。

あるある要因

長期保有について考えていなかった

株には配当金や株主優待による儲けもあります。また、短期の売買による儲けより、長期保有で会社の成長を見守る投資のほうが低リスクです。しっかり会社の分析をして投資先を決めたら、細かい株価の変動には惑わされず見守りましょう。

あるある要因

情報ではなく推測だけで決断した

株価の動きだけを見て、未来の動きを推測し、株を売買してしまうことも初心者にはありがち。推測はあてになりません。細かな値動きにとらわれず、会社や、証券会社の出す情報をきちんとチェックし、そこから判断するようにしましょう。

すぐ売買しなくても
長期保有にもメリットがある。
自分に合ったやり方を見つけよう

教訓

長期保有はメリットが多い。冷静に考えて取引を!

毎日変動する株価に一喜一憂して売買していては、疲れるうえ、手数料もかかります。はじめに成長を期待できる会社かどうかを分析しましょう。次に、「半年で10%くらいの上昇」などと目標を立て、利益確定のタイミングを決めて長期保有を。この方法なら、長い目で冷静に考えられます。

初心者のあるある 3

初心者をターゲットにした情報サイトにだまされた！

はじめて株に挑戦　Bさんの場合

1 株をはじめようと決意したBさん。投資をするのに大切なのは情報だと、まずは、本や雑誌を買ってみましたが、たくさんの情報をなかなか整理できません。

2 そんなとき、推奨株（おすすめの株）を教えてくれるという情報サイトを発見。サイトに掲載されている今までの推奨株を見ると、確かにどの株も利益を出しているようです。

3 情報料を払うと、厳選した情報提供やサポートを受けられるということ。料金がちょっと高いなと思いましたが、高ければそれだけ価値ある情報だろうと考えたBさんは、早速登録。届いたメールにあった推奨株を迷いなく購入しました。

4 ところが、買った株はちっとも上がらず、どんどん下がるものまで。そのサイトに問い合わせても、「株取引は自己責任」と言われ相手にしてもらえません。途方に暮れるばかりのBさんでした。

どうしてこうなった!?

悪いサイトにひっかかってたなんて・・・・
フラ～

あるある要因

初心者向け悪徳サイトに引っかかった

投資情報を提供するサイトの中には、「推奨株8割が上昇！」などの文句で訪問者をあおり、確かでない情報を高額で提供するところもあります。推奨銘柄が上昇する根拠も乏しく、リスクの高い株を推すことも多いので注意が必要です。

あるある要因

雑誌・新聞代なども立派な経費

情報を得るために購入する雑誌や新聞の費用も株投資にかかる経費となっていることに気づきましょう。買い込むだけで活用しなければ、その分マイナスです。読みやすいものを見つけたら、まずはそれをしっかり読み込みましょう。

あるある要因

自分で株を学び、投資するべきだった

株をはじめたばかりの人は、つい人の情報に頼りたくなるものです。ただ、情報には使えるものと使えないものがあり、何でも信じてしまうのは危険。自分の資金を使った投資です。自分で学び、判断していくことを基本としましょう。

インターネットの情報はすべて正しいとは限らない。かしこく選択を！

教訓 **株について自分で学び、賢い資産運用を！**

あふれる情報にまどわされず投資をしていくためには、株についての知識が必要です。自分で地道に学んでいくしかありません。しかし、きちんと学べるところが少ないのも現状です。信頼できる投資仲間をつくり、みんなで生きた情報交換をしながら自己防衛するのもひとつの方法でしょう。

初心者のあるある 4

親の口座で友達と取引。これってアウト？セーフ？

はじめて株に挑戦　Kさん達の場合

1 株に興味をもった、大学生のKさん、Aさん、Bさん。3人で儲けようといっしょに株をはじめることにしました。Bさんはお金がないので、親に口座を開いてもらい、はじめの資金も借りることに。

2 あるときKさんは、自分が売ろうとしている株をAさんが欲しがっていたのを思い出し、買わないかと電話して取引。Kさんはうまく株を売れ、Aさんも、欲しかった株を手に入れられて満足です。

3 また、Aさんは父親の勤める会社の調子がいいということを決算発表前に聞いていました。早速、その情報をKさんとBさんに流して、みんなで株を購入。

4 父親から資金を借りて株をはじめたBさんも、父親名義の口座で取引に成功、利益を上げました。しかし、この3人のやっていることは、みんな違法な行為。刑罰の対象になる可能性があるものだったのです。

B
K
A
最近株が気になっててさ
でも俺金ないしな親に口座開いてもらってやろうかな
株
俺も！やってみたかったんだ
1
前欲しがってた株売るからー
マジー!? 買う買う何時ごろの予定？
Pc
2
うちの親父の会社、今期の調子いいらしいから買ってみたら？
マジ？じゃあ今度はそれ買うわー
Pc
Pc
3
おおー上がった!!
親父の口座で利益が出たよー
やるもんだな
おお、そうかまかせてよかったよ！
Pc
4

Part 5

え——!!
法律違反してたの—!?

どうしてこうなった!?

あるある要因

友人同士で示し合わせて売買した

知り合い同士が、示し合わせて株の売り買いをすることを「なれ合い売買」といいます。これは他の投資家に誤解を与えることにつながります。自然な取引に見せ、意図的に株価を操作する目的で行われる不正取引と思われてしまいます。

あるある要因

他人（親）の口座を借りてしまった

親の口座を使うくらい…と思ってしまいがちですが、親の口座でも他人の名前を借りた取引（借名取引）は厳しく規制されています。本人の名前をふせて行う取引は、マネーロンダリングなど不正取引に使用される可能性が高いためです。

あるある要因

発表前の情報を元に買った

関係者だけが知っている、公表される前の会社情報をもとに株を取引し、儲けようとすることは「インサイダー取引」という違法行為になります。自分の会社の株取引や、知人から得た情報で株を取引するときには、注意が必要です。

不正取引をしないために
株をはじめる前に
ルールを知っておこう!

教訓

ルールは厳守！公正な取引をしよう

誰もが平等な取引をできるよう、株の不正な取引は「証券取引等監視委員会」によって監視され、厳しく取り締まられています。悪質な違反には、懲役や罰金などの刑罰も科せられます。株取引の際には、ルールを厳守しましょう。詳しいルールはP38でチェックしてください。

初心者のあるある

5

デイトレードで儲けようとしたけれど…。

はじめて株に挑戦　Dさんの場合

1 Dさんは、「★デイトレードで1億稼いだ！」とうたっている本を読み大興奮。フリーターで時間がたっぷりある自分にぴったりの儲け方だと確信しました。

用語Check!

★**デイトレード**

短期で株を売買する方法。秒・分単位で1日に何度も取引をくり返し、利益を出していきます。会社のよしあしより、そのときの株価の動きが重要視されます。

2 早速口座を開設し、なけなしの生活費から20万円を使って、デイトレード生活を開始。朝9時から、指南書を参考に熱心に売買を続けました。

3 毎日パソコンに向かってデイトレード、その日の損益をノートにメモして1か月。勝ったり負けたりをくり返した結果、トータルでは1000円の儲け。損しないだけよかったと思ったDさんでしたが…。

4 口座の金額を確認してみると19万円台に減っています。損もしていないのにどうして？　と不思議がるDさんですが、取引にかかる売買手数料をコストに入れることを忘れていたのでした。

あんなにがんばったのに

どうしてこうなった!?

あるある要因

手数料の存在を忘れていた

ネット取引は手数料が安いため忘れがちですが、取引には必ず売買手数料がかかります。20万円の取引なら1日定額タイプで450円ほど。20日間の取引で約9000円です。資金20万円の5%近くが1か月の手数料で消えてしまうというわけです。

あるある要因

生活資金を使っていた

株をはじめるときの基本は、余裕資金を使うことです。なけなしの生活費をつぎこんでしまっては、資金を失う怖さから、冷静な判断ができなくなってしまいます。もし損すれば、それを取り戻そうとして無理をし、さらに損を重ねがちです。

あるある要因

デイトレードを甘く見ていた

激しい値動きをする株に注目し、短期で株を売買して利益を出そうとするデイトレードは、ゲームのようにかんたんに儲けられると思われがちです。しかし、労力をかけた分だけ、必ず儲けを出せるわけではありません。甘く見ると危険です。

デイトレードはお金の取り合い!
大儲けする人がいれば、
必ず大損する人がいるのです!

教訓 資産を運用するためのデイトレードは避ける!

デイトレードは参加者の間でお金が動くだけで、儲ける人がいれば、その分損をする人が必ずいます。会社に投資する時間はほんの一瞬で、その会社の価値を創造する役にはほとんど立ちません。時間と手数料をかけて、お金の奪い合いをするだけのデイトレードを資産運用に使うのは避けるべきです。

初心者のあるある

6

株取引にかかるリスクを甘く見すぎていた…。

株歴半年　新社会人Cさんの場合

1 10万円の元手で株をはじめたCさん。思惑が次々にあたって、半年で10万円もの儲けを出し、口座のお金は今では倍の20万円になりました。

2 すっかり気をよくしたCさんは、もっと効率よく儲けを出す方法はないかと調べ、元手の3倍くらいまで投資ができる「信用取引」という方法を発見。社会人になってまもなく、貯金もまだ少ない自分にピッタリと考えました。

3 さっそく信用取引を使い、口座の20万円で取引。最近よく見かけると思っていた会社の株を、自分のセンスを信じて60万円分購入。1週間後に株価が上がり、含み益が10万円に。それでもさらに上がるだろうと、売らずに買い足しまで考えていました。

4 ところがこの会社、業績が伸びていなかったため、赤字決算を出してしまいました。株は売り注文が殺到、どんどん下がる株価にあわてたCさん、どうにか株を売りましたが、口座の20万円、すべてを失う損を出してしまったのです。

どうしてこうなった!?

途中までは
完璧だったんだ
ブツブツ

あるある要因

信用取引のリスクを甘く見ていた

信用取引（➡P118）では株価が上がれば大きく儲けが出ます。でも、株価が下がったときには損も大きくなることを忘れてはいけません。資金以上の取引をすれば、資金以上の損害を出して、ゼロどころかマイナスになるリスクもあるのです。

あるある要因

自信過剰になっていた

株をはじめたばかりの人でも、半年で元手が倍になるほどの儲けを出せば、自分にセンスがあると勘違いをする人もいるでしょう。でも、それは運がよかっただけ。ついているときこそ、株には損もつきものだと再認識しなければなりません。

あるある要因

分散投資をしていなかった

自分の資金すべてを使い、1社の株を買ってしまうと、その株が下落すれば大ピンチです。数社の株に分けて買っていれば、1社の株が下がっても、ほかの株が上がる可能性もあります。リスクを減らすには分散投資をすることも大切です。

あるある要因

会社のことをあまり調べずに株を買っていた

自分のセンスを信じていたCさんは、会社のイメージで株を買ってしまいました。そのため、会社のことをよく調べておらず、業績不振に気づかなかったのです。株の購入は、その会社に投資をすること。まずは会社を調べる習慣をつけましょう。

教訓

リスクと身の丈を考えた慎重な取引をしよう

株取引はもともとリスクが高いものです。儲けようと思うなら、リスクをいかに減らすかを考え、慎重に取引することが肝心です。投資額を増やせる信用取引ですが、リスクも大きくなり、儲けるどころか資金以上の損を出すこともあります。ムリは厳禁。取引は自分の資金の範囲内で行いましょう。

初心者のあるある

7

株主優待目当てに株を買ってみたけれど…。

株歴3か月　主婦Fさんの場合

1「株主になると、こんなものがもらえるんだ…」。その企業の商品や食事券、優待券などがもらえる株主優待制度に興味をもったFさん。優待目当てに、ご主人のボーナスで株を買うことにしました。

2 どうせもらうのなら有効に使えるものをと、あれこれ探したFさんが選んだのは、旅行券がもらえる株。ちょうど夏休みに旅行する予定があるので好都合です。もう明日が権利確定日だったので、急いで購入しました。

3 権利確定日に間に合うよう、株を購入できて、ほっとしたFさんでしたが、その2日後、株価を見ると買ったときよりずいぶん下がっています。

4 Fさんは、せっかく安いのだから、次回の優待では旅行券が2枚もらえるようにと、同じ株数を買い足しました。ところが、100株で1枚もらえる旅行券を2枚もらうためには、500株の保有が必要でした。株数を倍にしたら優待も倍というわけではなかったのです。

2倍の株で
優待も2倍になる
わけではないのね…
旅行券

どうしてこうなった!?

あるある要因

権利確定日（➡P53）近くは買いが殺到して割高に

株主優待を目当てにする人は、権利確定日を目指して株を買い進めます。そこで確定日前は、買い注文が増えて株価が上昇する傾向があります。魅力的な優待がつく株ならなおさらです。確定日直前の株は、割高な場合が多いということです。

あるある要因

権利落ち日後は、売りが殺到して売れないことも

権利確定日前は買いが殺到した株も、優待や配当を受ける権利がついてしまえば、売却する人があらわれます。そのため、権利落ち日後は、株価は急に下がります。焦って売ろうとしても、売りが殺到していて売れないこともあるほどです。

あるある要因

株数と優待の数は比例していなかった

持っている株数で、株主優待の数は違ってきます。もちろん株をたくさん持っているほうが、優待も多く受けられますが、「1株につきいくら」とつく配当と違い、優待数は、株数に比例しないことも多いのです。はじめのリサーチが大切です。

株主優待を目当てにするなら、
まず、優待の条件をよく調べて！
株価の様子も観察しよう

教訓 長期保有を考えて株主優待を受けるとおトク

優待の権利を1回得たら、すぐに株を売ろうと考える人もいますが、取引には手数料がかかり、株価も権利確定後に下がる傾向で、初心者では損をするだけ。長期保有を考え、業績の安定した企業の株で優待を探すのが最終的にはおトクです。保有年数が長くなるほど、優待数が増える株もあります。

株に関わる税金を知ろう

銀行預金と株の税金 ※2015年４月現在

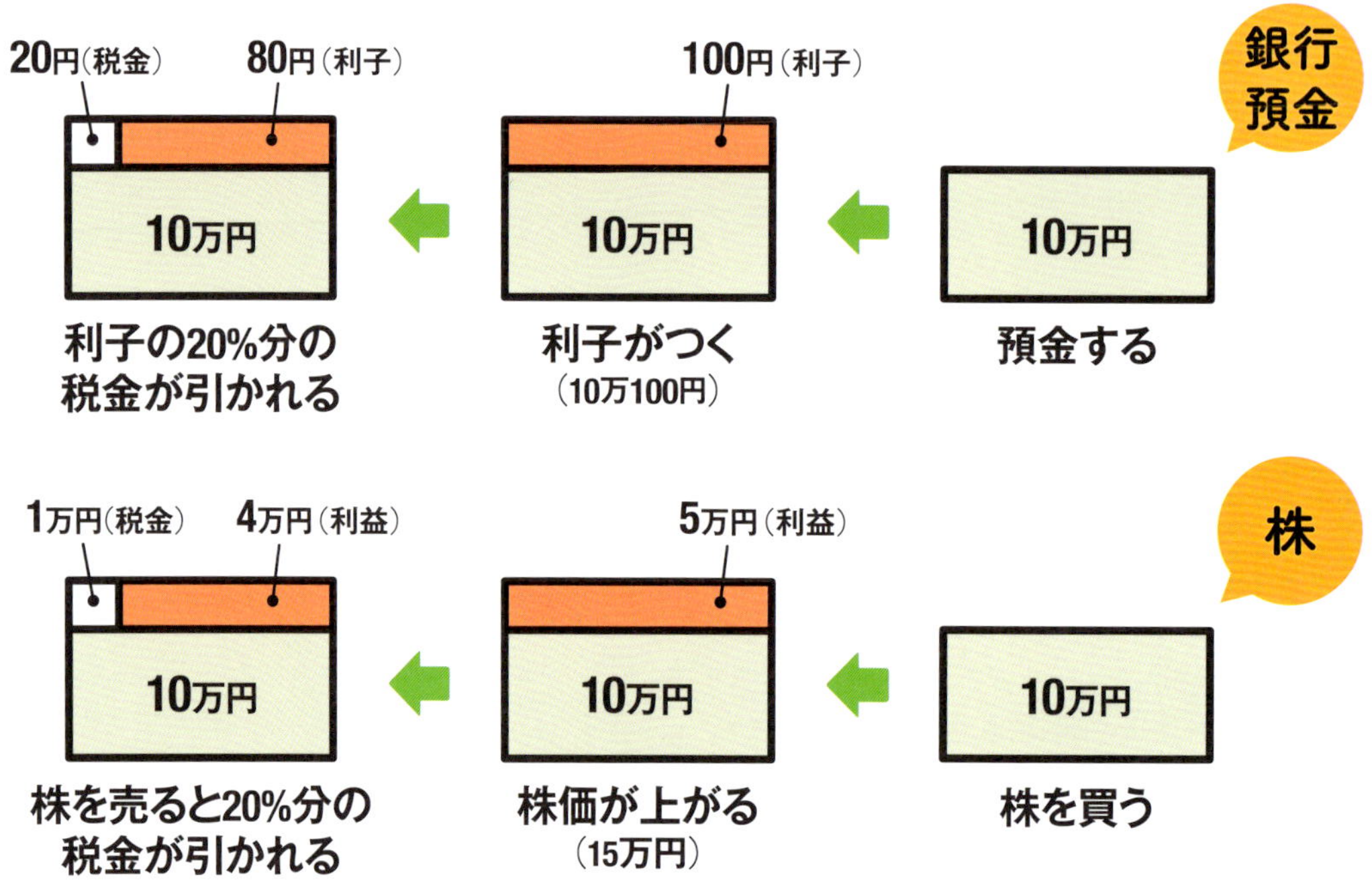

銀行預金
10万円
預金する
100円（利子）
10万円
利子がつく
（10万100円）
20円（税金）
80円（利子）
10万円
利子の20%分の
税金が引かれる
株
10万円
株を買う
5万円（利益）
10万円
株価が上がる
（15万円）
1万円（税金）
4万円（利益）
10万円
株を売ると20%分の
税金が引かれる

株で税金がかかるのは利益が出たときだけ

株にかかる税金は、銀行預金の利子にかかる税金のしくみとよく似ています。**株を保有しているだけでは税金がかからず、利益が出ると、その利益に対してだけ税金がかかります。**株の値が上がったときに売却すれば、その値上がり益に税金がかかります。**配当金は、受け取るときには、すでに税金が引かれた金額になっています。**

株の利益にかかる税金は、２０１４年1月から20・３１５％に上がっています。詳しくは、国税庁や証券会社のホームページなどでチェックしてください。

特定口座にすれば面倒な手続きなし！

値上がり益に対する税金を支払うには、確定申告《かくていしんこく》をする必要があります。そんな面倒を避けたい人は、証券会社に口座を開設するときに「特定口座」を選択しましょう。**特定口座の中の「源泉徴収《げんせんちょうしゅう》あり」を選ぶと、証券会社が代行して税金を納めてくれる**ので、申告の必要がなくなります。

特定口座には「源泉徴収なし」もあり、少ない利益しか見込めないなら、こちらを選ぶ方法もあります。サラリーマンの場合、副収入が年間20万円を超えなければ、その分の税金は免除。自動的に税金を納める「源泉徴収あり」だと、必要のない税金を納めることになるからです。ただし、予想外に利益が出た場合は確定申告が必要になります。

口座には3パターンある

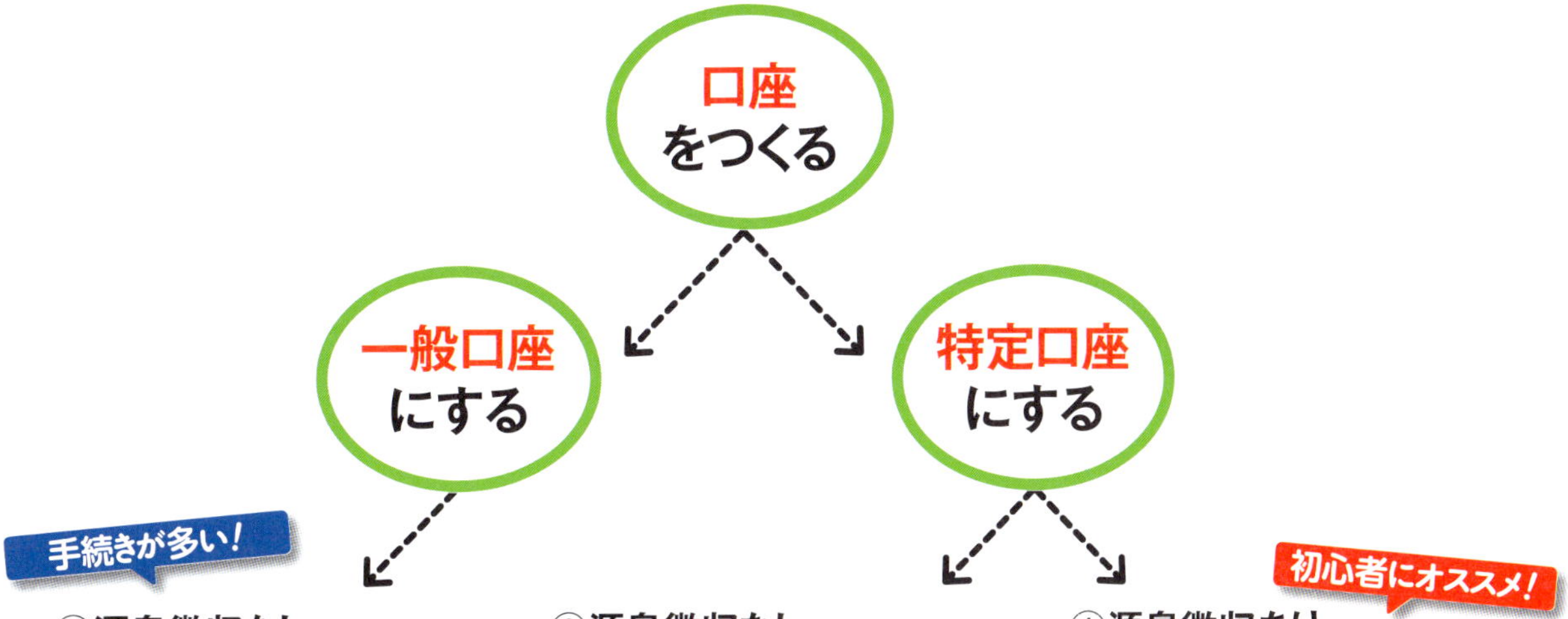

口座
をつくる
一般口座
にする
特定口座
にする
手続きが多い！
初心者にオススメ！

③源泉徴収なし
「年間取引報告書」の作成および確定申告の必要あり。年間20万円以上の利益が出た場合、自分で1年間の株取引をまとめた書類を作成し、確定申告を行い納税する。

②源泉徴収なし
年間20万円以上の利益が出た場合には、確定申告の必要あり。特定口座をつくると証券会社が作成してくれる「年間取引報告書」をもとに、自分で確定申告を行って納税する。

①源泉徴収あり
売却益が出た場合、証券会社が代行して税金を支払うため確定申告は必要なし。もし、利益が20万以下でも税金を納めた場合は、確定申告をすれば還付を受けられる。

確定申告の手順を知ろう

確定申告を知ろう

いつ行うの？

翌年の
2月16日〜3月15日の
あいだに毎年行う。

どの期間を申告するの？

1月1日〜12月31日までの
1年間の利益を申告。

どうやって申告するの？

書面を提出して申告する方法と、
インターネットで申告する方法（e-Tax）がある。

e-Tax HP http://www.e-tax.nta.go.jp/

どこで行うの？

住んでいる場所を所轄する税務署で行う。
国税庁のホームページで
所轄税務署が検索できる。

国税庁 HP http://www.nta.go.jp/

余裕をもって準備しておこう

証券会社の口座が、一般口座や特定口座の源泉徴収なしの場合、**値上がり益が20万円を超えたら、税金を支払うために確定申告をしなければなりません。**

また、**株で損を出した場合などには、確定申告をすることで税金の還付を受けられます**（➡P153）。

確定申告は1年ごとに行い、行える期間が翌年の2月16日〜3月15日の1か月ほどに限られています。時期がきてからあわてないように、余裕をもって準備をしておくことが大切です。

値上がり益が20万円を超えなければ、一般口座であっても申告の必要はありません。

確定申告　2つの手順

申告書の提出で行う

申告書B第一表

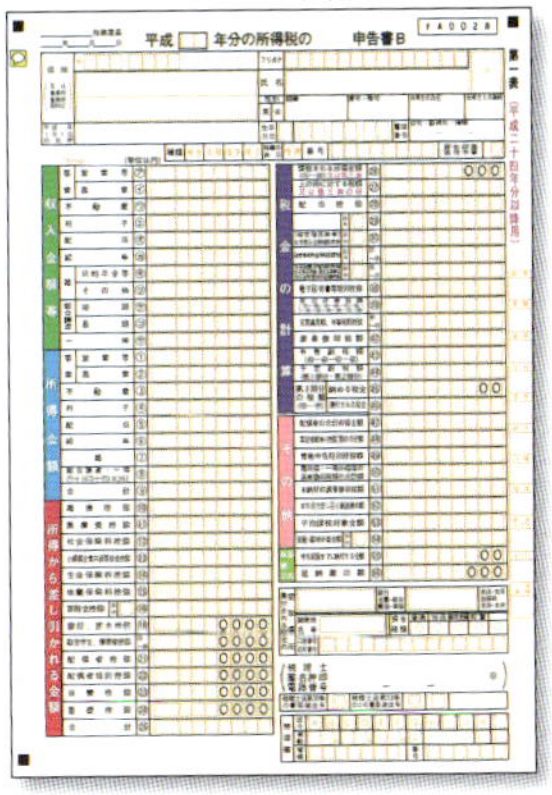

❶申告書を入手する

申告書B第一表、第二表と、申告書第三表（分離課税用）を税務署で受け取るか、国税庁のホームページからダウンロードしてプリントする。一般口座を利用しているときは「株式等に係る譲渡所得等の金額の計算書」も必要。

❷取引報告書を準備し、計算書を作成

一般口座の場合、株を売買したときの取引報告書を1年間分すべて用意し、それをもとに「株式等に係る譲渡所得等の金額の計算書」を作成する。特定口座の場合は、証券会社作成の年間取引報告書を添付することで、この計算書に代えることができる。

❸申告書を作成する

❷の計算書（特定口座の場合は年間取引報告書）を元にして、申告書の第一表、二表、三表を作成する。

❹税務署に提出する

所轄の税務署に持参、あるいは郵送で提出する。

※国税庁ホームページにある、確定申告書作成コーナーを使ってパソコン画面上で申告書を作成し、それを印刷して提出することもできます。

インターネット（e-Tax）で行う

❶パソコンの環境を確認する

e-Taxを利用するために、まずはパソコンが推奨環境にあるか、e-Taxホームページで確認する。

❷電子証明書を取得する

公的個人承認サービスなどを利用して、電子証明書を取得する。（公的個人承認サービスを利用するときは、市区町村の窓口で住民基本台帳カードをまず取得し、電子証明書の発行を請求する）

❸ICカードリーダライタを購入、準備

電子証明書がICカードに格納されている場合、そのカードに合ったICカードリーダライタが必要。パソコンにインストールする。

❹電子申告等開始届出書を提出する

開始届出書を税務署で受け取るか、国税庁ホームページからダウンロードして作成。所轄税務署に持参、または郵送する。e-Taxの開始（変更等）届出書作成・提出コーナーを使うとオンラインでの提出も可能。その後、利用者識別番号が通知される。

❺e-Taxソフトを入手し、登録する

e-Taxのソフトをダウンロードしてインストールし、電子証明書などの登録を行う。

❻ソフトを使って申告する

ソフトを利用して申告データを作成し、送信する。

株で損をしたら節税に生かそう

税金が戻るパターンもある

株の取引を数社の証券会社の口座に分けて行っている場合、ある口座では取引で利益を出し、違う口座では損失を出すこともあります。そんなときも損益通算が可能。複数の口座の取引を合算し、確定申告を行うことで税金が戻ってきます。

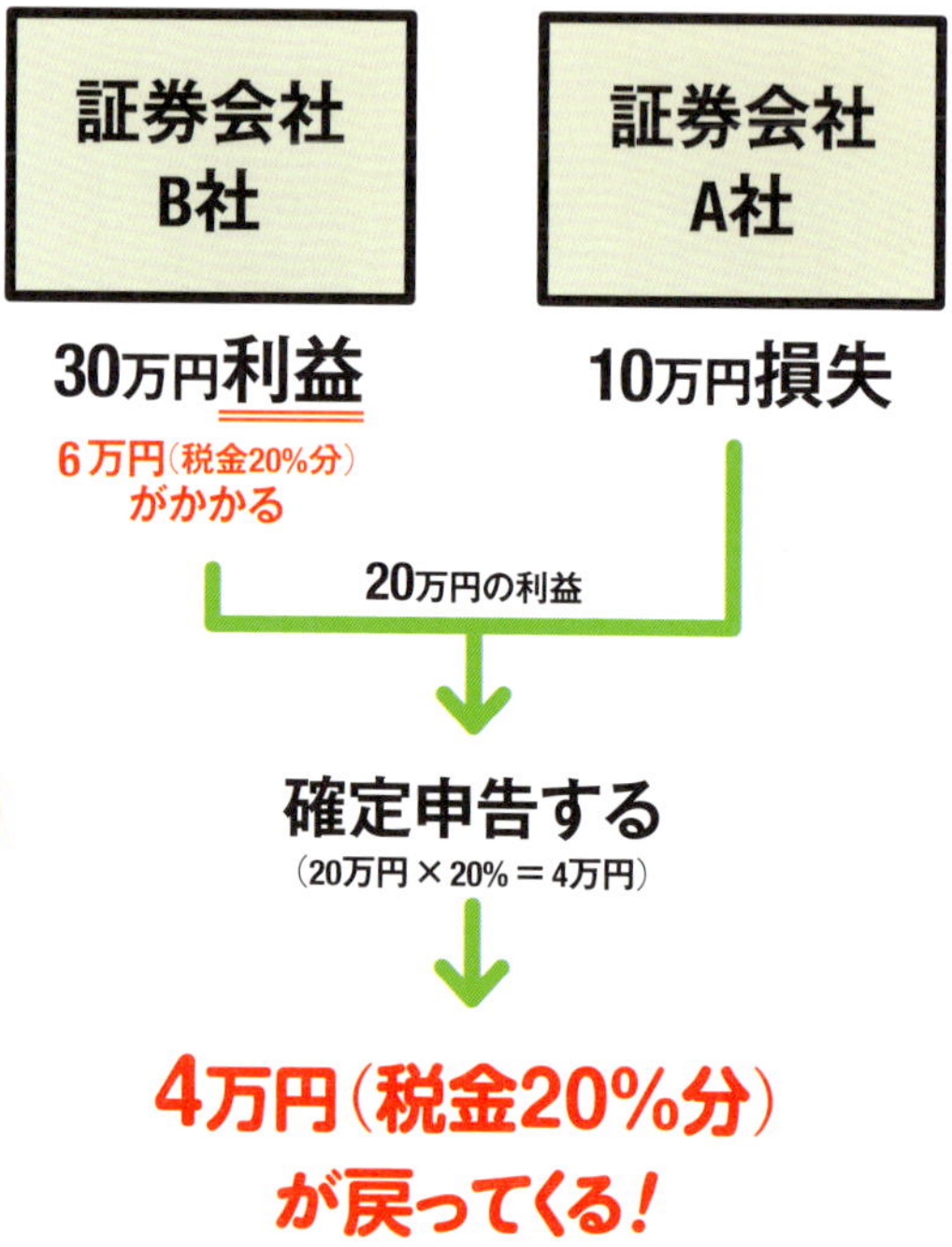
証券会社
B社
証券会社
A社
30万円利益
6万円（税金20％分）
がかかる
10万円損失
20万円の利益
確定申告する
（20万円×20％＝4万円）
4万円（税金20％分）
が戻ってくる！

わからないことが
あれば税務署に
聞いてみよう！

損益通算で税金が戻ってくる

損益通算とは、株取引などで出た損失を、ほかの所得の金額から控除することです。株の取引では、いつも利益を出せるとは限りません。株の取引で損失を出してしまった場合には、利益と損失を合わせて計算することで、利益から機械的に引かれてしまう税金を取り戻すことができるのです。

特定口座で源泉徴収ありを選ぶと、同じ証券会社内であればその手続きを自動的にしてもらえます。ただし、配当金の受け取り方を権利確定日までに「**株式数比例配分方式**」にする必要があります。その他の受け取り方では、確定申告が必要です。

3年まで税金が戻る

今年　50万円の損失を出したので「くりこし申請」をする

↓

翌年　30万円の利益が出たが、くりこしの損失に相殺され、税金（20%）6万円が戻る

↓

翌々年　30万円の利益が出たが、くりこしの損失と相殺される分の税金4万円は戻り、2万円のみ支払う

株取引の損は3年くりこせる

株取引で大きく損失を出してしまい、その年の配当金の利益と合わせて計算してもまだ損が残る場合、その損失を最高3年間くりこすことができます。今年出た損失と、翌年・翌々年の配当金や値上がり益と相殺することができるというわけです。

このくりこしを行うためには、特定口座の源泉徴収あり・源泉徴収なし、一般口座のどの口座であっても、自分で確定申告を行うことが必要です。損失をくりこしているあいだは、毎年申告しなければならないので忘れないようにしましょう。確定申告の際には、通常の書類に、所得税の確定申告書付表（上場株式に係る譲渡損失の損益通算及び繰越控除用）を添付します。

税金の情報は毎年のように変わる

景気の動向や政権の交代など、そのときの情勢によって、税金に関する法令は毎年のように変わっています。株にかかわる税金のしくみも、例外ではありません。

証券会社のホームページなどを利用して、新しい情報の確認を怠らないことが大切です。わからないことがあれば、税務署に問い合わせをして詳細を聞きましょう。

しくみが変わって
知らないうちに
損していたことがないよう、
こまめに税制をチェック！

目的別 お役立ちホームページリスト

Yahoo! ファイナンス
http://finance.yahoo.co.jp/
Yahoo! Japan運営の、誰でも気軽に利用できるサイト。最新株価や予想、企業などの情報が充実。証券会社ガイドなども。

トレーダーズ・ウェブ
http://www.traders.co.jp/
情報会社DZHフィナンシャルリサーチが運営。投資に役立つ情報が満載。スクリーニングなどのサービスもあり。

@niftyファイナンス
http://finance.nifty.com/
@niftyが運営する、株式、投資信託、為替など資産運用に関する情報を提供するサイト。10件登録できる、株価ボードなどのサービスもあり。

MSNマネー
http://money.jp.msn.com/
マイクロソフトが運営。お金に関するさまざまな情報提供や、資産を一括管理できるサービスなどで資産運用が楽しめるサイト。

株価やニュースを総合的に見たい！

株価に影響する経済ニュースを読みたい！

日本経済新聞
http://www.nikkei.com/
日本経済新聞の電子版として、経済や企業、株、金融などの最新ニュースを提供。銘柄フォルダや銘柄発掘などのツールも。

ブルームバーグ
http://www.bloomberg.co.jp/
金融プロフェッショナルや投資家に信頼されている金融総合情報サイトの日本語版。国内外のニュースや世界のマーケット情報を提供。

REUTERS ロイター
http://jp.reuters.com/
世界中のメディアに、世界の金融市場やビジネス、経済、株式などのニュースや情報を提供しているロイターのサイト。

楽天証券 レポート&コラム

https://www.rakuten-sec.co.jp/web/market/opinion/

楽天証券のサイト内のマーケット情報にあるコーナー。投資の基礎知識や株式分析、運用のヒントを専門家が詳しく解説。

多くの人の意見や専門家の意見が聞きたい！

All Aboutマネー

http://allabout.co.jp/r_finance/

株式投資や投資信託、国債などさまざまな金融商品への投資について、初心者に向けた基礎知識を、数多くのプロがコラムで解説。

みんなの株式

http://minkabu.jp/

たくさんの個人投資家が集まり作っている株のSNSサイト。基本情報のほか、みんなの売買予想などを知ることができる。

日本経済や企業の情報、指標が見たい！

日本銀行

http://www.boj.or.jp/

日本の中央銀行として金融政策を行う日本銀行のサイト。金融に関する国内外の情報、経済情勢の展望などを発表。

日本取引所グループ 適時開示情報閲覧サービス

http://www.jpx.co.jp

東京証券取引所のサイト内のサービスのひとつ。上場会社が開示する、投資にかかわる重要な情報を開示と同時に閲覧できる。

内閣府

http://www.cao.go.jp/

内閣総理大臣を長とした機関「内閣府」のサイト。経済政策をはじめとする内閣府発表の政策を知ることができる。

経済産業省

http://www.meti.go.jp/

経済産業省で調査した統計や分析レポート、景気指標などを公表しているほか、注目度の高い政策やキーワードについての解説も。

監修者運営ホームページ

やさしい株のはじめ方

http://kabukiso.com/

株初心者に、株式投資をわかりやすく理解してもらうために立ち上げたサイト。基本、応用、実践の3つに大きく分かれています。証券会社や税金に関する最新情報のチェックに、ぜひ役立ててみてください。

株を買うまでの流れが中心の基本編。株への心がまえや株のしくみ、株の買い方などを解説。

チャートや指標などを解説する応用編。株取引の流れを理解し、さらにステップアップしたい人はこちらへ。

基本・応用よりも一歩進んだ実戦編。中長期投資を軸に、監修者の体験にもとづいたおすすめ投資法を紹介。

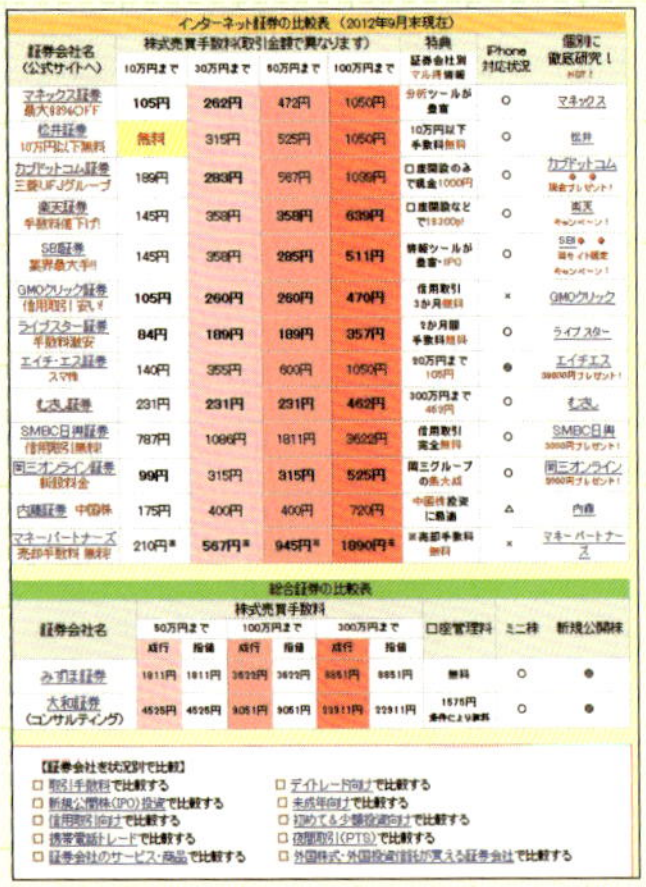

証券会社の比較表のページ。手数料やサービス、特典などを比較し、最新の情報を紹介している。

「証券会社の選び方」や「株の買い方」など、初心者の方に役立つ情報を充実させています。情報量もたっぷりなので、ぜひ遊びにきてください。

監修者
竹内弘樹
（あだ名・ひっきー）

楽しい株主優待&配当

http://www.kabuyutai.com/

株主としての楽しみ方のひとつ、株主優待や配当にスポットを当てたサイト。1000を超える株主優待や配当の情報を、画像や利回りなどとともに紹介しています。株式投資初心者もわかるように、わかりやすく解説しています。

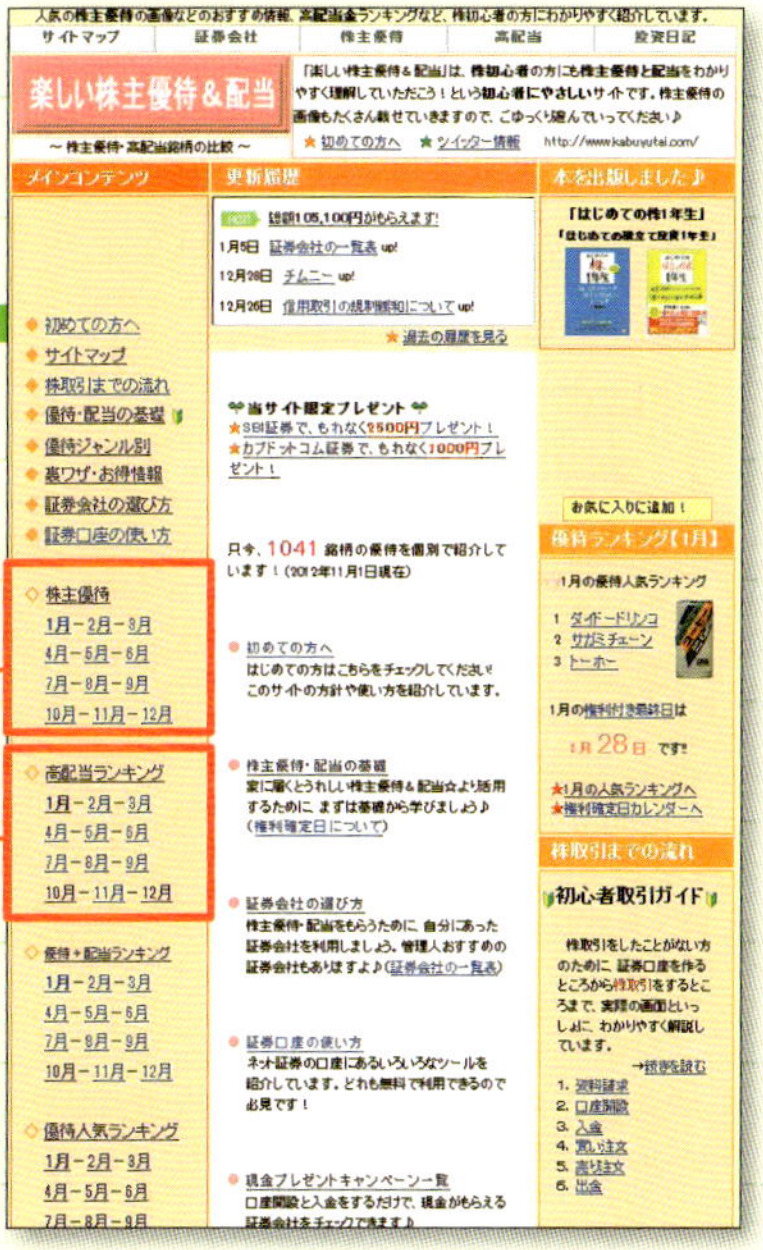

権利が確定する月ごとに分けて、株主優待を紹介。ジャンル別、人気順で見ることもできる。

権利が確定する月ごとに分けて、高配当の銘柄順にランキング形式で紹介。

銘柄ごとに、権利確定日や株主優待内容、利回り、必要投資金額などを紹介。優待内容のイメージ画像も。

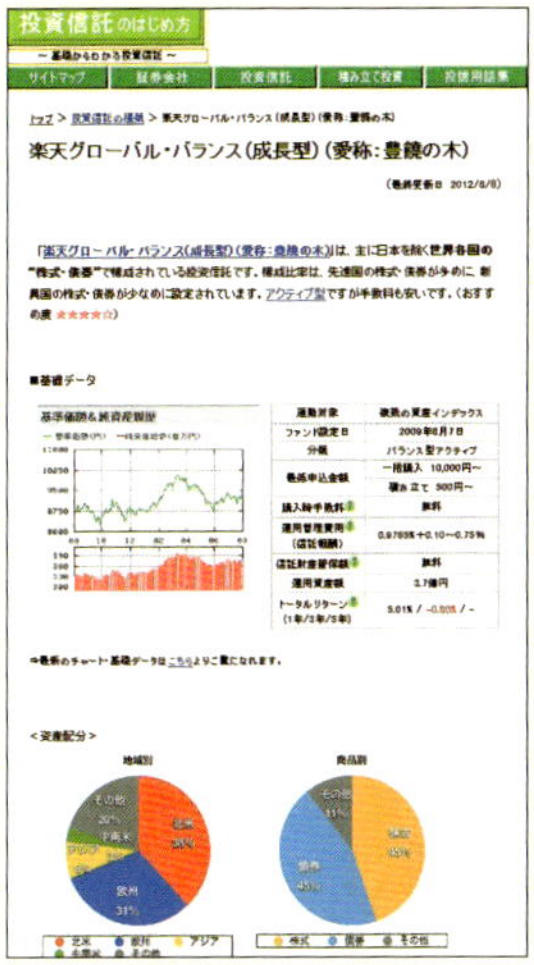

投資信託の種類をカテゴリに分け、監修者おすすめを個別に紹介。図や最新のデータを使って、どのような運用がされているかを解説している。

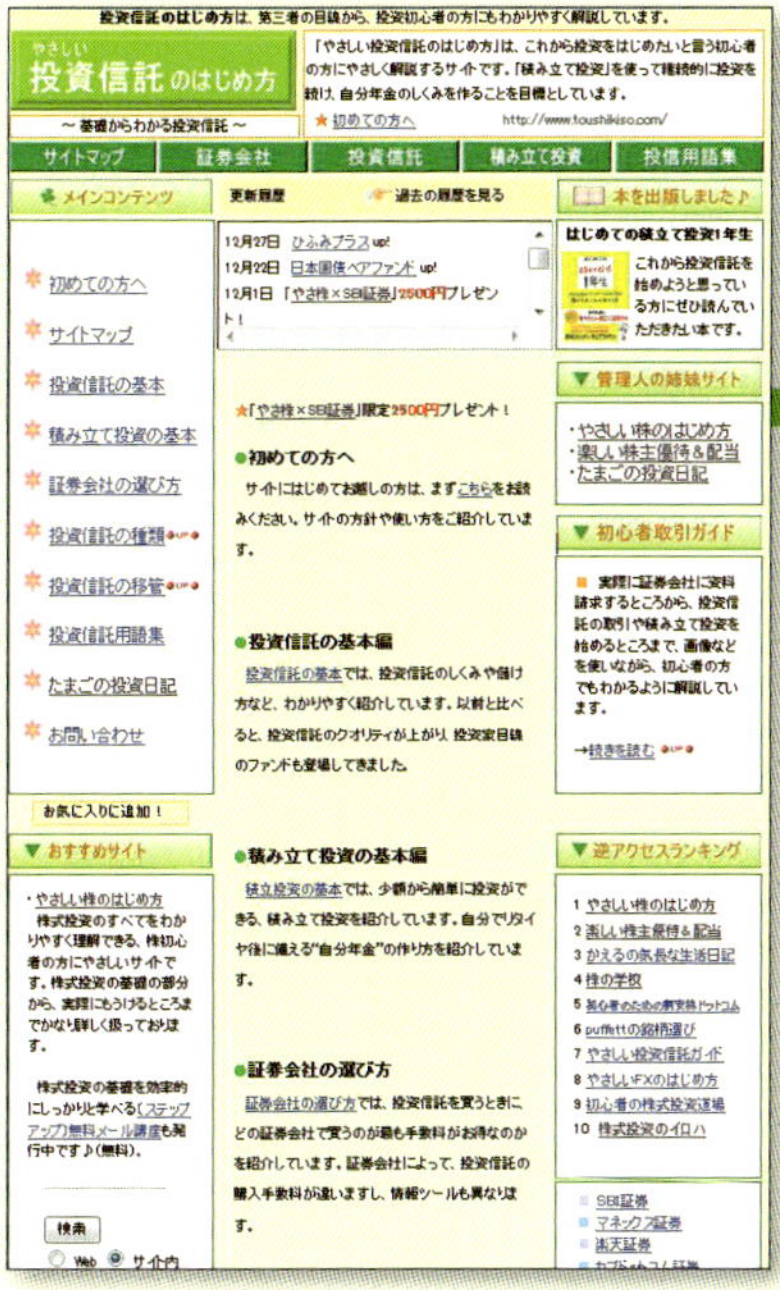

やさしい投資信託のはじめ方

http://www.toushikiso.com/

投資をはじめたいと思っている初心者に向けて、主に投資信託を使った投資方法をやさしく解説したサイト。きちんとした運用を手がけている投資信託をかしこく選べるように、しくみや種類などをやさしく紹介しています。

た

な

は

ま

や

ら

わ

アルファベット

さくいん

あ

か

さ

●監修者紹介　竹内 弘樹

［たけうち ひろき］

ライフパートナーズ株式会社代表取締役。株初心者アドバイザー。1978年生まれ、愛知県出身。大学卒業後、大手食品メーカーに入社し、3年目に研究開発業務の課長を任される。その際に資産運用の必要性を強く感じ、ファイナンシャルプランナーの資格を取って25歳で退社。独学で株式投資を学びながら、ウェブサイト「やさしい株のはじめ方」を立ち上げる。わかりやすいとの声が多く、現在のアクセス数は延べ620万ヒットを達成。その後、ライフパートナーズ株式会社を設立、代表を務める。著書に『はじめての株1年生』『はじめての積立て投資1年生』（ともに明日香出版社）がある。

●デザイン――大悟法淳一、永瀬優子、大山真葵（ごぼうデザイン事務所）
タケナカユウキ

●執筆協力――兼子梨花、漆原泉

●イラスト――佐原周平

●株価チャート・画像提供――楽天証券

●編集協力――株式会社童夢

カラー版《ばん》　一番《いちばん》やさしい株《かぶ》の教科書《きょうかしょ》

2013年4月5日発行　第1版
2015年7月15日発行　第3版　第1刷

●監修者――竹内 弘樹［たけうち ひろき］

●発行者――若松 和紀

●発行所――株式会社西東社《せいとうしゃ》

〒113-0034 東京都文京区湯島2-3-13

営業部：TEL（03）5800-3120　　FAX（03）5800-3128

編集部：TEL（03）5800-3121　　FAX（03）5800-3125

URL：http://www.seitosha.co.jp/

ISBN978-4-7916-2042-5